京都レトロ散歩

ナカムラユキ

PHP

はじめに

いにしえの時を刻む
京都のとある散歩道
そこに木枠のアーチ窓が連なる
古い洋館がある。
毎日のようにその窓を眺め
今日も変わらずに在ることに
ほっとし笑顔になる。

つい通り過ぎていた建物の
中へ一歩踏み出せば
異国の空と手をつなぎ
旅するように時が流れる。

建物も生き物のように
空の変化や雨の滴に表情を変え

凜とした姿を見せたり
柔らかさを帯びていたり。

雨上がりのレンガの色、さびた鉄の柵
ほころびたペンキ、色とりどりのタイル
時の経過を超えて歩んできた建物は
人の憶《おも》いを抱き
何を今私たちに伝えようとしているんだろう。

そんなことが気になりだしてから
私の建築巡りは
はじまっていった。

あなたの知らない京都へ……
いつもとはまったく違って見える京都を
散歩してみませんか？

京都レトロ散歩　もくじ

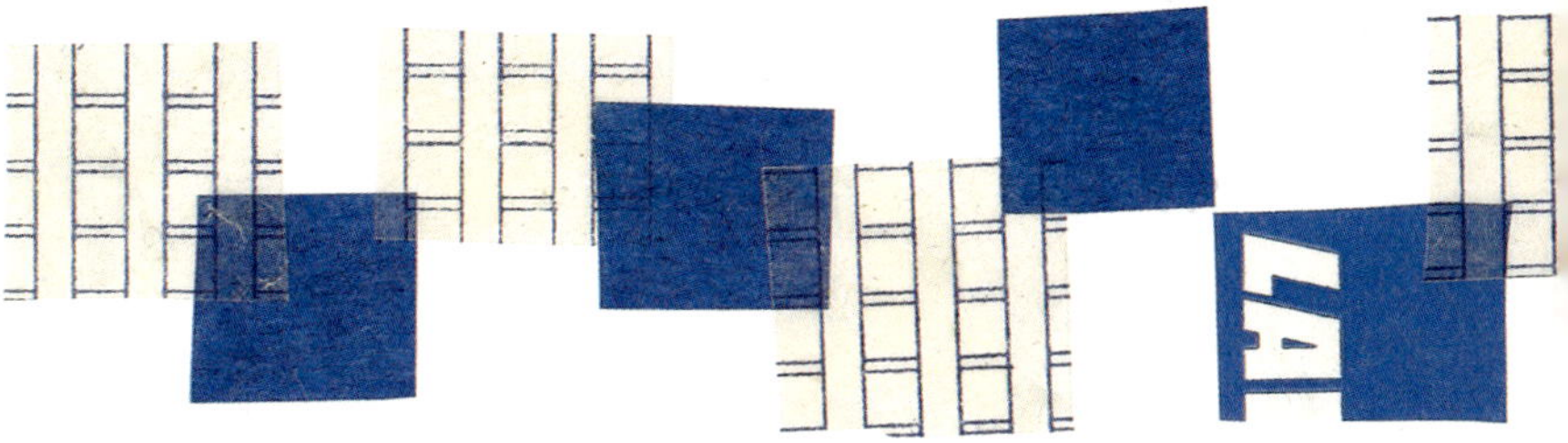

LIEGE-GUILLEMINS
PARIS-NORD
mais, aussi, des
ulement des prin-
être ouvert : le
ar une harmonie

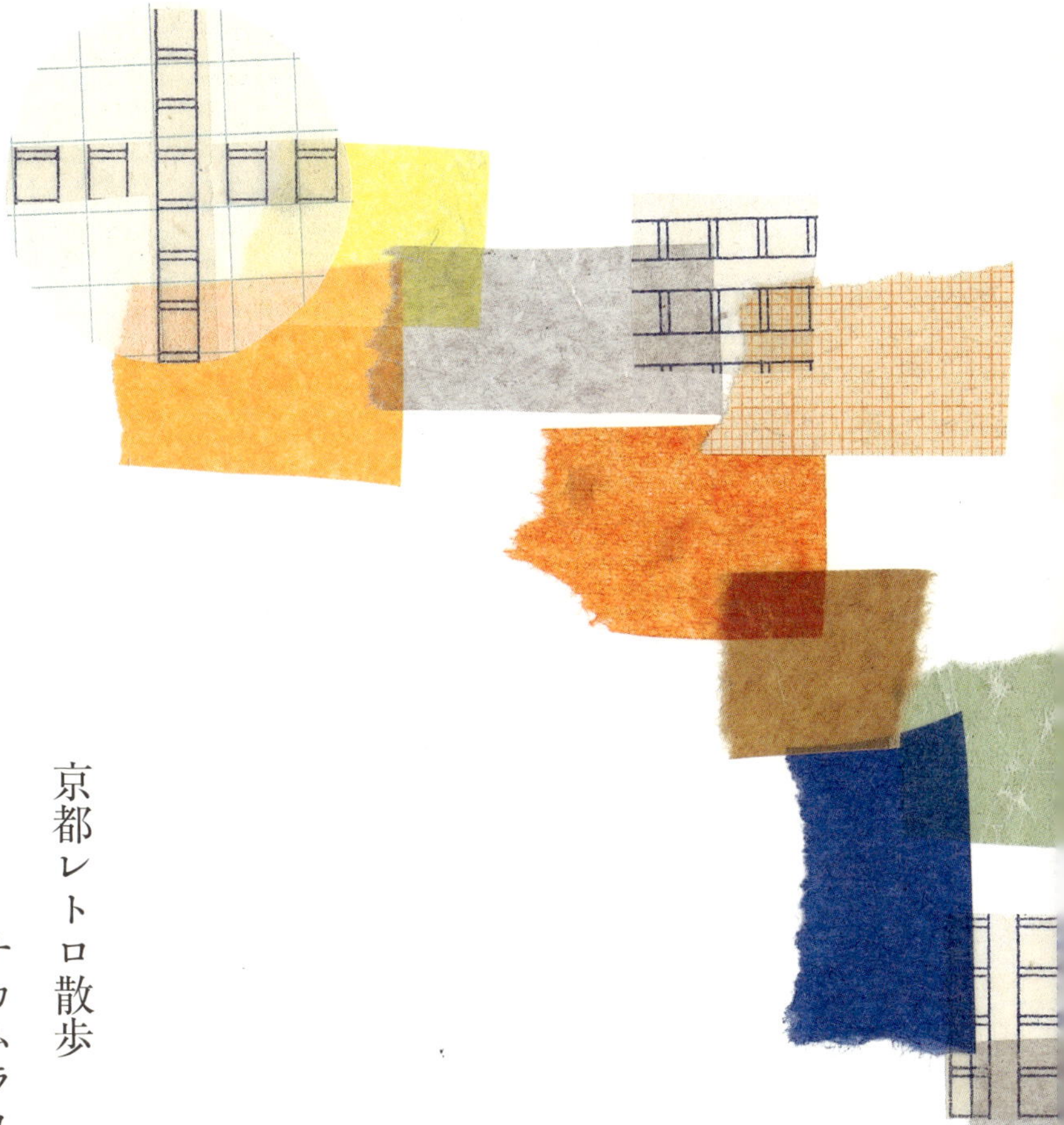

京都レトロ散歩

ナカムラユキ

【駒井家住宅】

気持のいい１階のサンルーム。西面の戸は和室へとつながっている

柔らかな陽射しに包まれる住宅

さらさらと流れる水、鳥のさえずりが奏でる音にそっと耳を澄ませる。白鷺や鴨のつがいが羽を休める北白川疏水。

春には桜並木が華やぎ、初夏には蛍が飛び交い、四季に彩りを添える。

そんな静かな住宅街の中に、変わらない姿を守り続けている一軒の洋館がある。

京都大学理学部教授、遺伝学者・駒井卓博士夫妻の住宅は、昭和2年に当時交流が深かったアメリカ人建築家ウィリアム・メレル・ヴォーリズの設計により建てられた。

淡いピンクのモルタルの壁、半円アーチの飾り窓を持つ外観は当時米国で流行っていたアメリカン・スパニッシュ様式。木造2階建ての室内は、居間、食堂、サンルームが一

三連アーチ窓が連なる南側。南東側は、自然で素朴な中庭に面している

ゆったりとした空気感が伝わるサンルームから大文字や樹々の緑を望める

体となった空間が広がり、和室や障子なども加えた和洋折衷の造り。

西陽が力強く照りつける時刻、階段脇のアーチ状の窓に、麦穂をたなびかせる黄金色の田園を憶わせる柔らかな光が注がれ、安らぎを与えてくれる。

〝暮らしやすさ〟を大切に考え丁寧に創られたゆるやかな階段、居間の腰付き出窓、なめらかな曲線の手すり。

陽の光がたっぷりと注がれる2階主寝室南側のサンルームの椅子に座ると、窓の向こうには悠々とした大文字の姿が。

書斎には博士の存在感が感じられる机がそのままの姿でじっと時を紡いでいる。

博士は、ショウジョウバエの研究や三毛猫がほとんどメスであることを発見。旅先でのお土産コレクションを集めたガラスケースを覗き込むと、生き物を愛してやまない博士のユーモアにあふれた一面にも触れられる。

みつばちの羽音が心地いい庭に、敬愛する自然科学者ダーウィン宅を参考にし

魚のテーブルライト

博士愛用のテーブルライトは、広間のチェストに置かれている。大理石の円柱には、微笑ましい魚の彫刻が

温室内には、庭で採集された木の実やどんぐりがさりげなく置いてある

て創ったという温室もある。樹々は空高くすっくとそびえ立ち、色とりどりの植物が陽の光を受け伸びやかに育つ。住宅街の中だとは思えない小さな秘密のオアシスのように、ここでは生き物が自分の居場所を見つけたかのようにのびのびと戯れている。

ドアノブへのこだわり。ゲストから見える部分には紫色、住人用には透明の水晶

キッチンにある
木製＋大理石の
作業台

使いやすそうなキッチンには、当時使われていた黒板や作業台も。作業台の中心部は円形の大理石

２階には、収集品や蔵書が並び、机の上には、愛用していた文房具が

京都大学人文科学研究所附属
東アジア人文情報学研究センター

天井が高く広々とした広間には、オリジナルの家具が並ぶ

1. 壁に施された東洋的なデザインの鉄枠　2. 昭和5年11月竣工。門柱上の外灯も特徴的　3. 玄関部の3本の柱はそれぞれ模様が違う

静謐な旅へ誘《いざな》う

遠い異国を旅してみたくなる――。

それは、例えば散歩の途中でこんな建物に出会ってしまった瞬間だ。とくとくと胸が高鳴る。いったいそこには何が待っているのだろう。

京都大学にほど近い閑静な住宅街、かつて「学者村」と呼ばれた北白川に、時を経て溶け込んでいる白亜の風雅な建物。

スペイン僧院を模したロマネスク風のデザインは、戦前の建築界の巨匠・武田五一指導のもと、当時まだ大学院生だった建築家東畑謙三が設計。スパニッシュ・ミッションスタイルと呼ばれるアメリカ住宅様式のひとつで、東方文化学院京都研究所の研究施設として、昭和5年に建てられた。東畑の若き日の最初の作品にして代表作となるほどの傑作と言われている。

東洋のエッセンスを交えな

金具や建具など細部まで見落とせない

がら細部にいたるまで徹底したデザインが施され、その静謐な世界観に流れるように引き込まれていく。

まるで異国の地へ旅をしたような気持を誘うアーチ型のアプローチや高い天井。尖塔内部の2階から4階は吹き抜けの書庫。黄金色の天井を持つ教会のドームのような閲覧室では、ただひたすらに書物に目を向ける研究者の姿が。

静かに佇む池や井戸のある中庭を取り囲む研究塔の回廊には、東洋のモチーフの鉄製飾りがついた飴色のドアが整然と並び、ゆるやかに弧を描くガラス窓から優しく穏やかな光が差し込む。

ふわふわとした足取りで2階へと向う階段を一段ずつ上っていくと、手の中ににぎった色とりどりの小さな宝石の粒を光の中へぱっと放ったようなステンドグラスのアーチ窓に囲まれる。思わず時を忘れ、いつまでもうっとりと立ち尽くしてしまう。

壁面には太陽の光をゆっくりと感じながら時を刻む日時計があり、建物を後にする頃には、旅の余韻のスーヴェニールをそっと胸に持ち帰る気分だ。

1

2

3

1. 井戸や池、芝生のベンチ。心地良い中庭が建物の中心となって広がりを持たせている　2. 図書室の高い天井には蠟燭形のシャンデリア　3. 2階の階段部分にあるステンドグラス

京大〜北白川コース

東鞍馬口通
銀月アパートメント
北白川疏水
駒井家住宅
北白川別当
演習林事務室
京大人文科学研究所
白川通
京大農学部
志賀越道
銀閣寺
白川通今出川
ゴスペル
吉田山
吉田神社
哲学の道
鹿ケ谷通

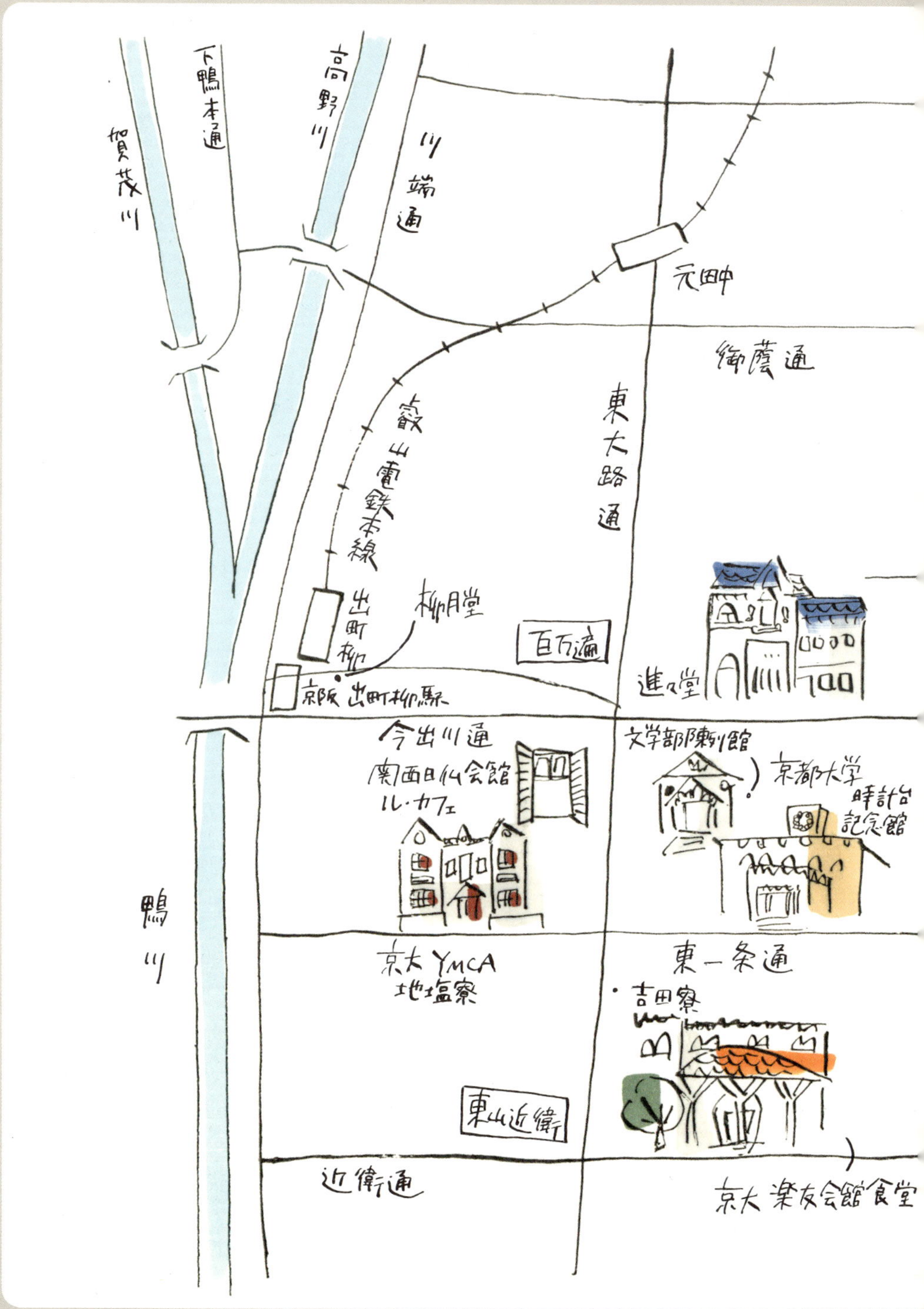
下鴨本通
賀茂川
高野川
川端通
元田中
御蔭通
叡山電鉄本線
東大路通
出町柳
柳月堂
百万遍
進々堂
京阪 出町柳駅
今出川通
関西日仏会館
ル・カフェ
文学部陳列館
京都大学
時計台
記念館
鴨川
京大 YMCA
地塩寮
東一条通
吉田寮
東山近衛
近衛通
京大 楽友会館食堂

左京区文学コース
〈京大～北白川コース〉

京都大学を中心に文学の香りが高く見所が多いコース。
1日かけてゆっくり巡りたい。

鴨川の水面が輝き光る朝、出町柳駅のすぐそばにあるパン屋「柳月堂」で焼きたてのくるみパンを買って、2階の名曲喫茶へ。重厚なアンティークのカウンター席で音に耳を傾けながら珈琲と共にいただく。百万遍を経て京大へ。構内は近代建築の宝庫。武田五一設計の「時計台記念館」やグリーンとセセッション的装飾の調和が美しい「文学部陳列館」へ。東一条通沿い、「京大YMCA地塩寮」はヴォーリズ建築。フランス窓があるモダンな「関西日仏学館」の「ル・カフェ」でワインとチーズをいただけばパリにいる気分に。昔ながらの洋食ランチなら「京

都大学楽友会館食堂」へ。入り口のステンドグラスの大円球ライト、階段には森の中の湖を憶わせる小さなアーチステンドグラスが迎えてくれる。朽ちた木造の「吉田寮」をのぞいたあと、名物喫茶「進々堂」へ。パリのカフェを模した外観、泰山タイル、細部まで見所に富んだ建物。黒田辰秋作の重厚な机で珈琲を。避暑地にあるバンガローのような「京大農学部演習林事務室」を眺め、疏水をぬけて「京大人文科学研究所」、川沿いに木漏れ陽を感じながら、「駒井家住宅」へと足をのばす。銀閣寺方面に戻り、うろこの円錐屋根、階段のなめらかな木の手すりの細工にヴォーリズが伝えた空気が漂う洋館カフェ「ゴスペル」にてゆっくりと午後のお茶の時間を。

柳月堂（昭和28年創業）
時計台記念館（大正14年 設計／武田五一）
文学部陳列館（大正3年 設計／山本治兵衛＋永瀬狂三）国・登
京大YMCA地塩寮（大正2年 設計／W・M・ヴォーリズ）国・登
関西日仏学館（昭和11年 設計／R・メストラレ＋木子《きご》七郎）国・登
京都大学楽友会館食堂（大正14年 設計／森田慶一）国・登
吉田寮（大正2年 設計／山本治兵衛＋永瀬狂三）
進々堂（昭和5年創業）
京大農学部演習林事務室（昭和6年 設計／大倉三郎＋関原猛夫）国・登
京大人文科学研究所（P14）国・登
駒井家住宅（P10）京都・指定
ゴスペル（昭和57年 設計／一粒社ヴォーリズ建築事務所）

コラム

～建築も楽しめる洋菓子店～

村上開新堂

「ショーケースの曲線が気に入っています」。ここで生まれ育った4代目店主は愛《いと》おしそうに語る。明治40年創業、老舗菓子店「村上開新堂」の現在の建物は、昭和10年頃から続く。

色あせた淡ピンク色の外観、市松模様のタイル、ゆるやかなカーブを描くショーケース。

通るたびにその佇まいにするりと引き寄せられてしまう。名物のロシアケーキはおみやげの定番。11月から3月の間、みかんをまるごとゼリーにした〝好事福盧《こうずぶくろ》〟が運よくあれば思わず笑顔がこぼれる。元茶室だった帳場と店との間には丸窓のドア。淡い光を放つ照明の形にも心奪われる。

ゆるやかなアールのウィンドウと市松タイル

欧風堂

教会でよく見られる形の窓、〝尖頭アーチの６連窓〟を持つ「欧風堂」。約30年の時を経て昭和の面影をそのままに残している。作業場との壁、ドアは外観と同じ尖頭アーチ状。オリジナルの小花柄の椅子、壁紙、包装紙など懐かしく愛らしさにあふれている。

名物のバウムクーヘン〝一本焼きバーム〟は、すべての工程が手作業で丁寧に作られており、世代を超えて愛され続けている。しっとりとした食感は、やみつきになるおいしさ。

尖頭アーチの６連窓とラッパ形の看板

作業場のガラス窓にも尖頭アーチ形の柵

【東華菜館】

ヴォーリズの遊び心あふれるレストラン

食材をモチーフにしたデコラティブな玄関の装飾

鴨川にかかる四条大橋のたもとに、長い年月をかけて溶け込み親しまれている洋館がある。

ヴォーリズが手掛けた唯一のレストラン建築だ。

羊の顔が見守る玄関部には、タコや貝などの魚介、野菜、果物など豊饒《ほうじょう》をイメージした遊び心あふれるテラコッタの装飾があり、道行く人も思わず足を止め、見入ってしまうほどだ。

大正末期、西洋料理店「矢尾政」が、当時教会や学校の設計を数多く手掛けていた米国人設計師、ウィリアム・メレル・ヴォーリズ氏にビヤレストランの設計を依頼。しかし、禁酒を信条とするキリス

５階建てのスパニッシュ・バロック様式の洋館。大正15年竣工。ヴォーリズが設計した唯一のレストラン建築。屋上には象徴的な塔があるが、これはエレベーターのマシンルームで、昇降機が納められている

特徴的な木製扉のデザイン。オリエンタルな雰囲気に統一された壁や天井の意匠など見所が多い

ト教伝道者でもあったヴォーリズには、ビールを出す店であることは伏せられていたと言われている。その後、建物は昭和20年に現在の北京料理店へと引き継がれ、修復を重ねながら大切に保存されている。

館内に足を踏み入れると、蛇腹式内扉や時計針式のフロアインジケーターを備えた日本最古の手動式エレベーターもあり、乗り込んだ瞬間に、古き良き大正時代へとタイムトリップをしたように宙を舞う気分となる。

天井や柱など細部の装飾デザインにはオリエンタルな雰囲気が漂い、中国から取り寄せた家具や調度品もまるで

大正13年にアメリカで製造、輸入されたOTIS製のエレベーター

竣工当時からずっと人の流れを見据えてきたかのように、しっくりと馴染み続けている。

食事をする人々の会話が軽やかにはずみ、柔らかな笑顔に囲まれる風景をヴォーリズは想像しながら設計したのだろう。個室やバンケットホールなど、フロアごとにくつろぎ感と優しい光に満ちあふれた部屋が幾つもあり、天井、腰板、扉などのしつらえはすべて異なる工夫が施されている。教会と見間違われることも多いという屋上にそびえるシンボリックな塔には、布教活動のために日本に渡り、設計の仕事に携わっていたヴォーリズの思いが込められている。

1. とても珍しいといわれている下向き半円のフロアインジケーター　2. ステンドグラスがはめこまれたパーティションは当時のまま　3. 窓辺には西洋のデザインも

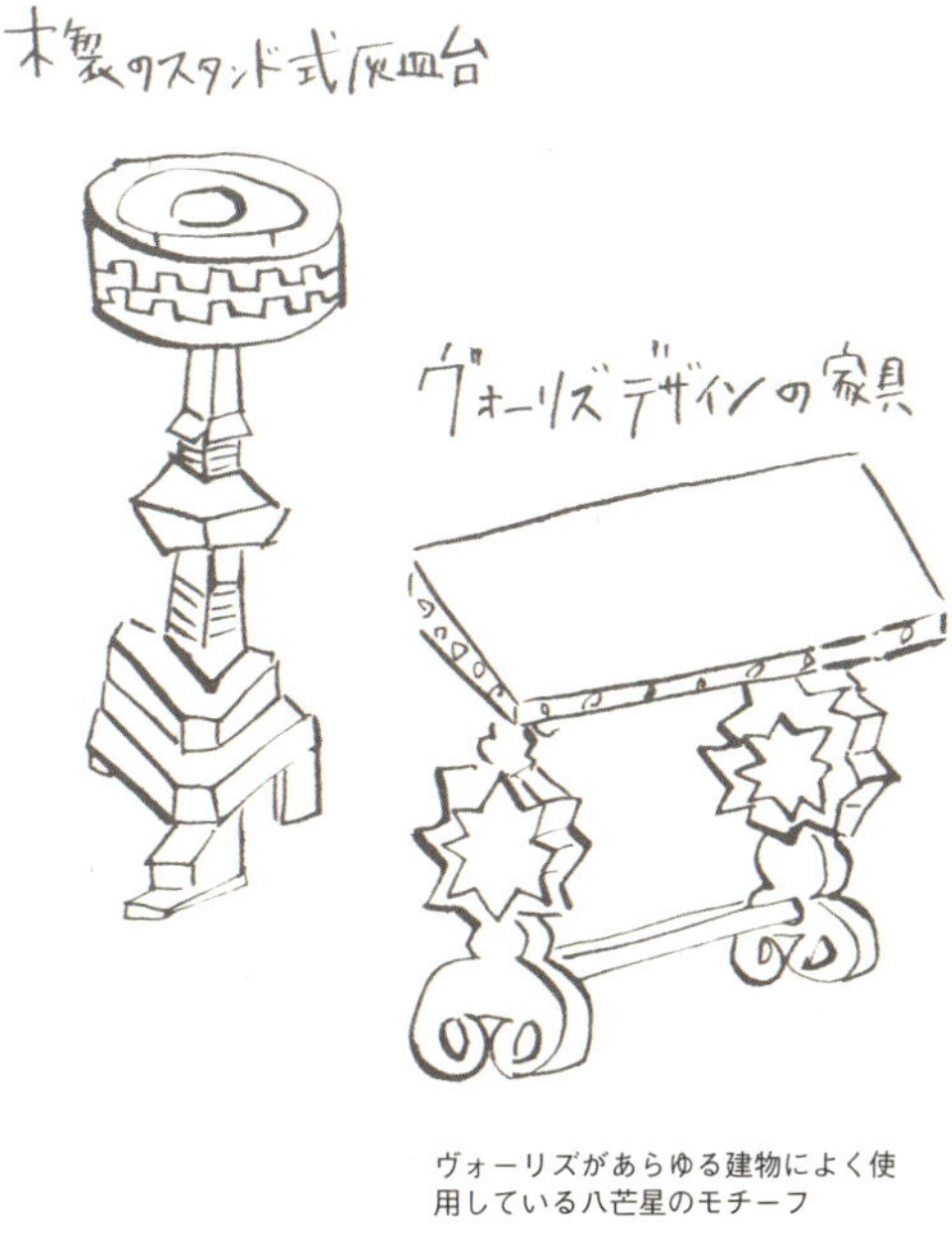

ヴォーリズがあらゆる建物によく使用している八芒星のモチーフ

【長楽館】

館内で最も高貴な雰囲気のロココ調の部屋。ゆったりとお茶の時間を

1. 手入れの行き届いた階段の手すりや照明　2. 築100年を超えても変わらず威風堂々とした白亜の洋館。北側バルコニーから。風格のある丸窓、アーチ窓　3. 迎賓の間では、アフタヌーンティーで優雅な時間が楽しめる

栄華を極めた迎賓館

春宵に浮び上がる薄紅色の「祇園枝垂桜」、紅色のグラデーションを描く東山山麓の円山公園。その一角に、ひときわ華麗さを放つルネッサンス洋式の洋館がある。

足を踏み入れることに一瞬躊躇するほどその高貴な佇まいにぐっと息をのむ。背の高い門をくぐり、扉が開かれると、優雅な空間に心地良い緊張感が身体の中を駆け巡り、きらびやかなものへの憧れが呼び起こされる。

明治42年、煙草王といわれた実業家の村井吉兵衛が私財を投じ、米国人J・M・ガーディナーに設計を依頼して、国内外の客をもてなすための別荘としてしつらえた迎賓館。英皇太子ウェールズ、米財閥ロックフェラーをはじめ、世界中の要人がこの場所を訪れ、あの「鹿鳴館」をしのぐとささやかれていたとか。

完成後すぐに訪れた伊藤博

目を凝らして見ておきたい象眼細工の美しさ

1. 金色のマークが施されたモスグリーンの椅子が並ぶ「美術の間」 2. 紋様レリーフの美しいテーブル 3. 色鮮やかなステンドグラス 4. 明治時代の煙草のパッケージがデザインされたコースター

花のようなガラスの照明

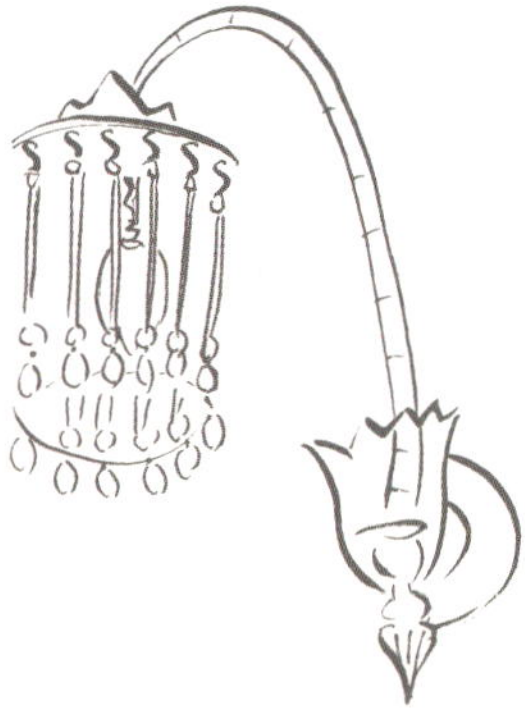

各部屋には、美術品のような繊細なガラスの照明があちこちに

文公は、窓から見渡す見事な眺望を漢詩に詠み讃えた。その一節、長い楽しみは未だ半ばにもなっていないという意味の「長楽未央」にちなみ「長楽館」と命名された。偉人たちの残した感嘆の言葉をたどりながら館の中を噛み締めるように巡り歩く。

館内1階の豪華絢爛な迎賓の間は、日本で唯一現存すると言われているロココ様式の部屋。甘くうっとりと流れる時、裾をたなびかせ音にすべてを委ねる舞踏会を憶わせる部屋。マダム達の夕食のひとときを彩るデザートやお茶とともにゆったりとおしゃべりを楽しむために贅を尽くして作られた空間。天井や壁には華やかなレリーフや世界の風景画、気品に充ちた輝きを帯びるバカラ社製のシャンデリア、英国王室御用達メイプル社の家具など、数々の豪華な調度品……世界に誇る職人の技が輝き、思わずため息をつかずにはいられない。

また、モスクのレリーフが美しいサンルーム、異国情緒漂う喫煙の間、3階には書院造りの豪華な和室などもあり、館内を回遊すると、まるで世界中へ旅をし、浮遊しているような感覚に陥る。

4

コラム
〜アンティークを買いに〜

GALLERY SARYU

乳白色ににじむ露草色、深紅の薔薇のように華やかに開き、光放つ電氣傘。幾何学模様の丸窓、大正期の遊郭のステンドグラスに心躍る。明治、大正、昭和初期のガラスのランプ、食器類やガラスプレート、蛇口やパーツ類も並ぶ。

大正期の照明は、西洋の影響を強く受けながらも日本人の繊細な技術と想像力が加わり、決して模倣ではなかったと言う。むしろ今、一層新しく感じる。中でも、十数年しか製作されなかったため、とても貴重と言われている明治期の〝置きランプ〟。

儚《はかな》い円球の硝子からこぼれおち、透き通る光の糸が、安穏とした部屋をぼんやり照らし出す光景を想像してみる。ひとつのランプからそのモノが使われていた時代へと思いを馳せ、時を超える旅へと誘われる。

はっとするようなつつじ色、繊細な硝子球の置きランプ

元遊郭にあった幾何学模様のステンドグラス

オールド・ノリタケなどのカップ＆ソーサーが並ぶ

Pro Antiques "COM"

もろく儚いゆえに、張りつめた糸のように緊張が高まる。光の中で透き通る和硝子の表情は、ひとつとして同じものはない。

　とりどりの日本の生活骨董が所狭しと並ぶ店内。箪笥や机など家具類は文化財修復のプロである職人が、ひとつひとつ細やかに丁寧な仕上げを施している。次の若い世代へと繋がるバトンの役割、継承することを常に心がけているという。今のものを選ぶ感覚で、昔のものを選び、暮らしに取り入れ実際に使って楽しむことを教えてくれる。

希少な日露戦争の戦捷《せんしょう》記念プレート

【旧松風嘉定邸】

京の町を見渡す四重塔の洋館

清水寺門前、みやげもの店が連なり観光客で賑わう清水坂を登る途中、ほんの少しだけ道を入ると、幾重にも重なった瓦屋根を持つ風格のある建物の出現に目を見張る。

明治時代、清水焼窯元の中で洋食器の製作に先駆け、精度と強度の高い碍子《がいし》、義歯の製造へと国際的に発展を遂げ、富豪となった実業家・松風嘉定の邸宅として建てられた。

しかし、夏は暑く、冬は底冷えのする盆地京都の気候の中で暮らすには、決して快適とは言えない住環境だったため、のちに迎賓館として使われるようになったという。

設計は戦前の関西建築界の巨匠・武田五一によるもので、ヨーロッパ建築を基本に日本の伝統と洋風の要素を持つ独自の意匠をふんだんに取り入れた建築物。清水寺の三重塔

各部屋にはデザインが異なる暖炉がある

1. 縦長の窓にベイウィンドウ(出窓)が張り出す洋風の窓が特徴的。東アジアの古代寺院などの大棟両端の飾りで、魚や鳥の尾のような形をしている鴟尾(しび)がつけられた瓦屋根。外壁角の付け柱の飾りには、中国の伝統的な雷文模様にメダリオン(メダル飾り)模様を組み合わせている　2. 清水寺の三重塔と八坂の五重塔の中間に位置する四重塔を持つ邸宅(大正３年竣工)

2

1. 回廊式の階段室　2. 1階食堂部。暖炉や格天井は当時のまま。腰板には大正期によく使われていた深緑色の蛇紋石が使われている　3. 2階広間。格式高い、折り上げ格天井

3

2

と八坂の五重塔の間にあたる場所に、四重塔の洋館を建てることは、世の中に自らの成功を誇示する大きな意味を持つことだったと言われている。

1階の食堂を通り抜け、菊花状のアーチ窓の向こう側にあるサンルームの窓には、色とりどりの鳩が舞い遊ぶ愛らしい姿のステンドグラスがはめこまれている。アメリカから輸入されたその乳濁のガラスから淡く優しい光が差し込み、まるで暖かな日だまりにすっぽりと包み込まれるようにティータイムを過ごせる。

直線の大胆な組み合わせが美しい回廊状の階段室は、絵画を飾るためのギャラリーの役目も兼ねていたとか。2階広間の天井は、格子状の桟が走り、日本で一番由緒ある構造と言われている〝折り上げ格《ごう》天井〟となっている。

嘉定は、茶道を趣味とし、栄華を極めた秀吉の大茶会にも負けないほどの茶会を開き、人々を驚かせたという。塔屋へ続く細い階段を上ると、まるで空中に浮かぶ隠れ部屋のような望楼があり、京の街並みや山々の壮大な景色を一望することができる。ならば、それは天守閣――。一人の実業家の象徴と言えないだろうか。

円形の吊り照明

天井の彫刻と照明の透かしレリーフが美しい

円と直線を合わせた幾何学模様の扉窓を持つ元の玄関部

四条通周辺コース

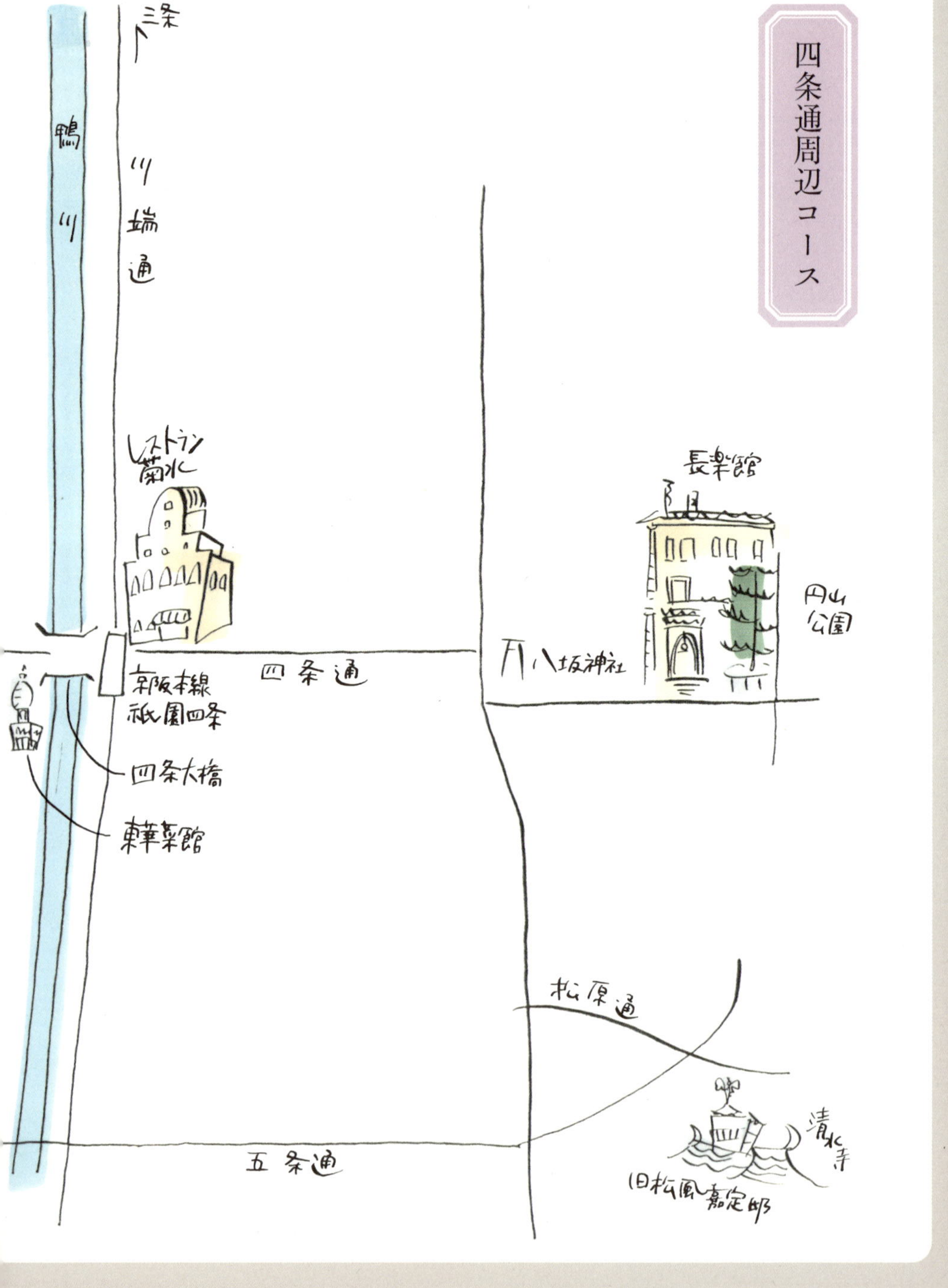

三条
鴨川
川端通
レストラン菊水
長楽館
円山公園
八坂神社
四条通
京阪本線
祇園四条
四条大橋
東華菜館
松原通
清水寺
五条通
旧松風嘉定邸

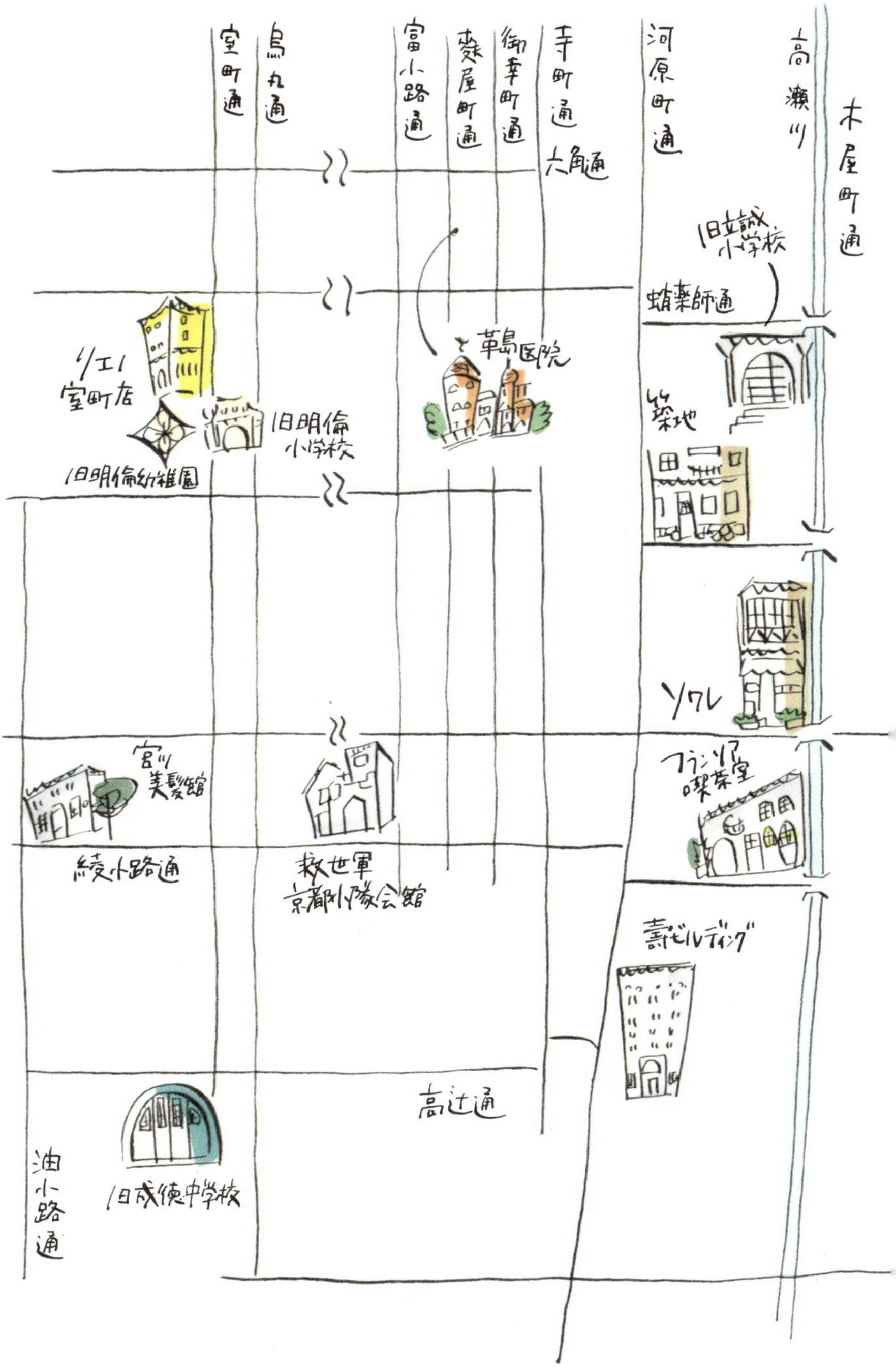
室町通
烏丸通
富小路通
麩屋町通
御幸町通
寺町通
河原町通
高瀬川
木屋町通
六角通
旧立誠小学校
蛸薬師通
革島医院
リエノ室町店
旧明倫小学校
旧明倫幼稚園
築地
ソワレ
フランソア喫茶室
宮川美髪館
救世軍京都小隊会館
綾小路通
寿ビルディング
高辻通
油小路通
旧成徳中学校

ヴォーリズと
レトロ喫茶はしごコース

〈四条通周辺コース〉

老舗喫茶が多く集まり、
思わず〝喫茶はしご〟をしたくなる街中。
お買い物の合間に朝、昼、夜と
たっぷり1日かけて楽しめる。

四条大橋南座向い、屋上のパラボラカーブの塔が特徴的な老舗洋食店「レストラン菊水」にて、10時から1時間だけのモーニングへ。鴨川を眺めればすぐにヴォーリズが設計した唯一のレストラン「東華菜館」が目にとまる。

泰山タイルの魅力と内装のアンティークを楽しみに「築地」へ。東郷青児の絵が、ブルーの照明に淡く浮び上がる幻想的な

「ソワレ」。店内は木彫家・池野禎春の美術館のよう。デラックスチョコレートゼリーをいただきながら談話のひとときを。

四条通を少し下り、ヴォーリズ建築の「救世軍京都小隊会館」へ。小さいながらもステンドグラスや細かな意匠が愛らしい。足をのばして、室町通の元理髪店洋館、手製本ノート店「リエノ」へ自分だけのノートを見つけに行きたい。同じ通り、旧明倫幼稚園の八角形の窓を愛でる。麩屋町通、蔦に覆われた円筒形の塔を持つハーフティンバースタイルの洋館「革島医院」は見ておきたい。

夕暮れ時には木屋町通へ戻り「フランソア喫茶室」へ。イタリアのバロック建築に酔いながら、ほんのり甘いポートラップを飲みつつ、ガトーフランソアをいただけば至福の時。

レストラン菊水（大正15年創業）国・登
東華菜館（P24）
築地（昭和9年創業）
ソワレ（昭和23年創業）
救世軍京都小隊会館（昭和11年 設計／W・M・ヴォーリズ）
リエノ室町店（P52）（昭和3年 旧村中理容院）
旧明倫幼稚園（詳細不明）
革島医院（昭和11年 設計／あめりか屋）国・登
フランソア喫茶室（昭和16年 設計／ベンチヴェンニ）国・登

コラム
～受け継ぐ建物、受け継ぐ人～

喫茶マドラグ

「喫茶セブン」での日々の光景。挨拶がわりの天気の話、互いの健康を気遣う話。新聞を広げ、世間話。ここでは、とろとろとゆっくり時が流れる。古びた椅子、年期のはいったテーブル、窓越しから差す淡い光。いつ訪れても同じ空気が漂い、いつもの珈琲があり、いつまでも在ると勝手に思っていた。

マスターの他界――。それは昭和38年から続いた「喫茶セブン」閉店の宣告でもあった。

半年の月日が流れ、人と人とがつながり、フランソアで修業をし、長年カフェで働いていた現店主の元へ白羽の矢が立った。セブン時代の雰囲気を出来る限り残したいという思いで内装は七割をそのままに、天井を高く抜いたり、ペンキを塗り直したりと自分たちの手で補っていった。見覚えのある椅子は木屋町にかつてあった老舗喫茶「みゅーず」のもの。珈琲豆はセブンから引き継いだブレンドを使いそのままの味を。

「一旦躊躇するかと思われた常連客も今では変わらずに通い続けてくれる。それが何よりもうれしい」。受け継ぐことへの熱い思いがしみこむように伝わってきた。

椅子やテーブルもセブン時代のまま

フランス映画の写真や本が並ぶコーナー

窓際の席に一度座るとずっと居たくなる

※店名「マドラグ」は、奥様の大好きなブリジット・バルドーの別荘の名前。店内には夫婦がセレクトした本が並び、ロシュフォールやウォン・カーウァイのポスターが小気味好く飾られる。赤のクリームソーダやナポリタンなどメニューは豊富。

三条通周辺コース

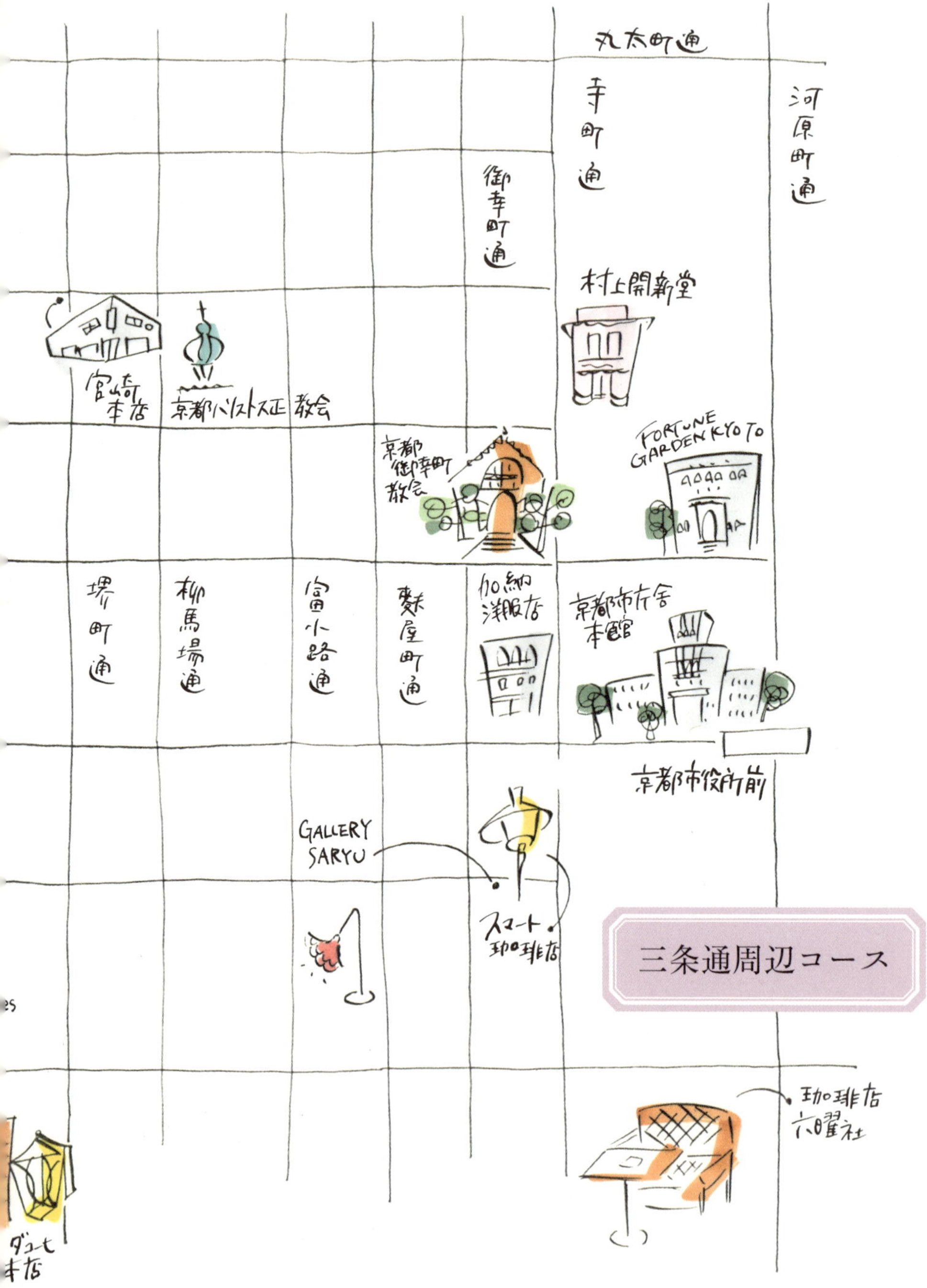
丸太町通
寺町通
河原町通
御幸町通
村上開新堂
宮崎本店
京都バプテスト教会
京都御幸町教会
FORTUNE GARDEN KYOTO
堺町通
柳馬場通
富小路通
麩屋町通
加納洋服店
京都市庁舎本館
京都市役所前
GALLERY SARYU
スマート珈琲店
珈琲店六曜社

御池通～丸太町通コース

丸太町
堀川通
竹屋町通
欧風堂
夷川通
二条薬業会館
二条通
喫茶マドラグ
釜座通
ポケット
COFFEE
二条城前
押小路通
両替町通
烏丸通
車屋町通
東洞院通
間之町通
高倉通
COFFEE
御池通
サロル
烏丸御池
姉小路通
文椿ビルヂング
平楽寺書店
三条通
みずほ銀行
京都中央支店

三条通の近代建築を巡る

明治時代、京都の経済の中心だった三条通には、西洋の息吹を感じる多くの近代洋風建築が残っている。古き良き華やかな時代に思いを馳せながら、街歩きを楽しめる辺り。

SACRA

（旧不動貯金銀行京都支店）

円形や直線の意匠を生かした、石貼りの白いモダンな外観（セセッション風）。銅板葺きの屋根中央部分にはAとRを組み合わせたグラフィカルな文字が施されている。〔大正５年頃築／国・登〕

家邊徳時計店

かつては舶来品を扱う時計店で日本最古級の明治の洋風店舗兼住宅建築。３連アーチが特徴的な煉瓦造の建物に、以前は大屋根に時計塔がそびえ立ち、この辺りのランドマーク的な存在だった。店舗部分のアールを描くガラスショーケースは当時では珍しく、上部の木製飾り細工も美しい。１階奥の巨大金庫の鉄扉には、田村宗立による修学院離宮の絵が現存。市民が選ぶ文化財の第1号にも指定されている。〔明治23年頃築／国・登〕

1928ビル

（旧大阪毎日新聞社京都支局）

星形窓が魅力的。グラフィックデザインにも才能を発揮した武田五一ならではの遊び心

京都を代表する建築家・武田五一の設計によるアール・デコ風建築。３階バルコニー、玄関左右のランプカバーの星形は、社章がモチーフとなっている。階段から続く床は、赤・白・青を組み合わせたデザインの陶磁器タイル敷き。内部は、アーチ型のホールが印象的。〔昭和３年築／京都・登〕

京都文化博物館別館

（旧日本銀行京都支店）

明治の建築界の巨匠・辰野金吾と長野宇平治による設計。赤煉瓦の外壁に白い帯石の重厚な意匠は、辰野式とも呼ばれていた。旧銀行時代営業室（現ホール）の木天井の細工をはじめ見所が多い。〔明治39年築／国・重〕

中京郵便局

（旧京都郵便電信局）

赤煉瓦に白い石材を組み合わせた風格のあるネオ・ルネッサンス様式。内部は、旧玄関部のみ当時の面影が感じられる。外壁保存の手法を取り入れた建物としては日本初。〔明治35年築／京都・登〕

以前の客溜り部分のカウンター上には繊細なデザインのスクリーンが復原されている

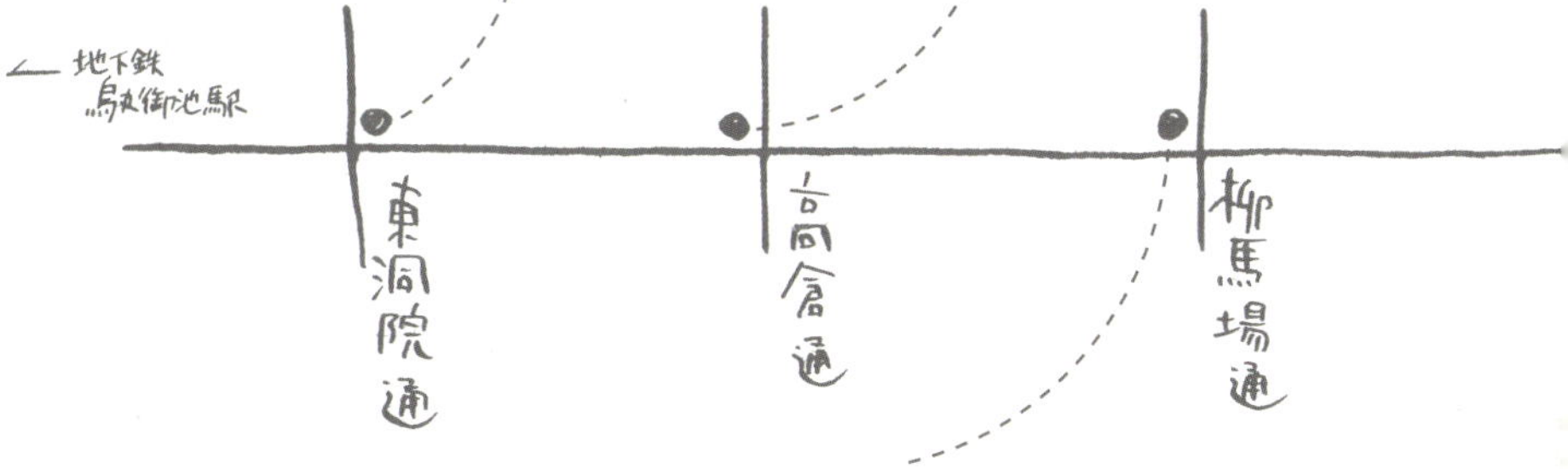

日本生命 京都三条ビル旧棟

（旧日本生命京都支店）

巨匠・辰野金吾と石貼りを得意とした片岡安の設計によるモダンな外観。新館側に一部赤煉瓦の外壁が残っている。〔大正3年築／国・登〕

塔屋内部の天井の意匠が特徴的

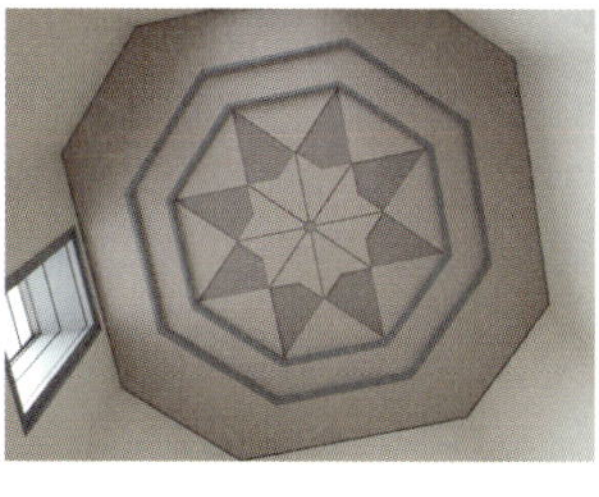

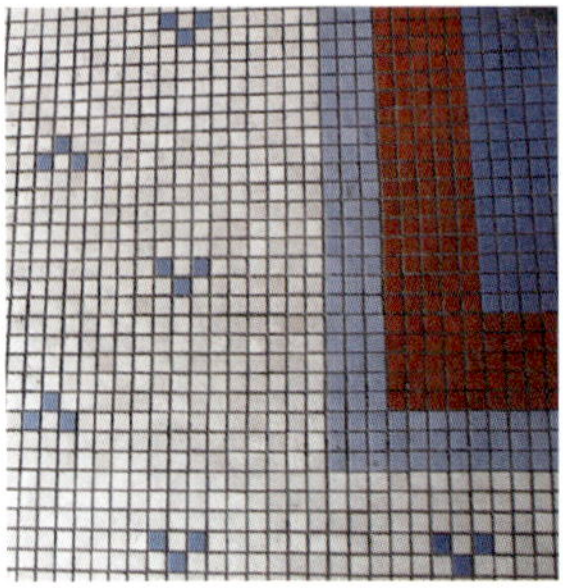

近代洋風建築の宝庫＆レトロ喫茶コース

〈三条通周辺コース〉

近代洋風建築を一度にたくさん見られる辺り。老舗喫茶で懐かしさを味わいながらたっぷり1日かけて歩きたい。

二条城のほど近く、山小屋風の内装、愛らしい鉄柵越しに朝陽が光る喫茶店「チロル」にて朝ごはん。丁寧に作られたカレーとトーストを。三条通を目指し「文椿《ふみつばき》ビルヂング」「みずほ銀行京都中央支店」を見た

あと、ハートが施された照明がある仏教関係書の出版社「平楽寺書店」へ。老舗喫茶「イノダコーヒ本店」の旧館やテラスにて隠れた名物ジャンボシュークリームを。

　三条通（P46〜47）をゆっくり歩きながら、明治・大正時のモダン建築群を眺める。河原町通、清水焼のタイルの色合いが愛おしくなる「珈琲店 六曜社」にて懐かしい味に触れたい。

チロル（昭和44年創業）
文椿ビルヂング（旧西村貿易店）（大正9年）国・登
みずほ銀行京都中央支店（旧第一銀行京都支店）（設計／辰野・葛西建築事務所）（平成15年 レプリカ再建）
平楽寺書店（昭和2年）国・登
イノダコーヒ本店（昭和15年創業）
珈琲店 六曜社（昭和25年創業）

建築家・武田五一ワールドと異国の旅へ誘うコース

〈御池通～丸太町通コース〉

二つの教会を比べて眺めるのも楽しく、家具屋街や寺町通は雑貨、喫茶やお買い物も充実した辺り。

烏丸御池駅近く、赤い椅子に座り昭和喫茶の雰囲気を味わえる「ＣＯＦＦＥＥポケット」でモーニング。家具屋街の夷川通、武田五一の愛弟子が設計した老舗家具店「宮崎本店」は、アールを描く建物、乳白色のタイル貼り、照明にいたるまでモダンな雰囲気。柳馬場通を下がり「京都ハリストス正教会」。御幸

町通ではゴシック調のヴォーリズ建築「京都御幸町《ごこうまち》教会」を。骨董街の寺町通、老舗洋菓子店「村上開新堂」に寄りロシアケーキをおみやげに。
「フォーチュンガーデン 京都（島津製作所旧本社ビル）」1階はリノベーションレストラン。威風堂々としたネオ・バロック洋式の「京都市庁舎本館」。寺町通を下がり「スマート珈琲店」にていつも変わらぬ空気にほっとひと息。ホットオレンジとタマゴサンドに身体も心も解きほぐされる。

COFFEEポケット（昭和39年頃創業）
宮崎本店（昭和11年 設計／武田五一〔監修〕＋宇都宮誠太郎）
京都ハリストス正教会（P54）（明治34年 設計／松室重光）京都・指定
京都御幸町教会（大正2年 設計／W・M・ヴォーリズ）京都・指定
村上開新堂（明治40年創業）
フォーチュンガーデン 京都（島津製作所旧本社ビル）（昭和2年 設計／武田五一〔監修〕＋荒川義夫）
京都市庁舎本館（昭和2年、昭和6年 設計／武田五一＋中野進一）
スマート珈琲店（昭和7年創業）

コラム

~受け継ぐ建物、受け継ぐ人~

リエノ室町店

アールを描く天井とタイルの組み合わせ

その理髪店村中理容院のことは以前からずっと気になっていた。

イエローブラウンの壁にタイルの組み合わせ、細やかなレリーフ、アーチ窓の入り口を持つ小ぶりな洋風建築。

長年使い込んだ鋏や白い陶器のクリーム入れ、太い刷毛などの道具類がいぶし銀のトレイに並んでいる光景を想像し、ここを通るたび、常連客が出入りする姿に熱い眼差しを注いでいた。

ある時から、ドアが固く閉ざされている日々が続いた。

辺りは町家が減り、パーキングやビルへと様変わりする街中。その中でどうかずっとあり続けていてほしいと願っていた一軒だった。しばらくして人と人との縁から、手製

元シャンプー台との仕切りになっていたパイプの壁

アーチ状の勝手口や窓など理容店時代のまま

本ノート店「リエノ」へとつながっていった。天井を黄金色に塗り替えたというだけで一切手を加えていないという。なめらかな曲線の天井と白いタイル、パイプの仕切りなどモダンな姿がそのままに生かされ、1920年代のイタリアンファブリックから編み出したスタイリッシュなノートが自然に調和している。店内には店主が20歳の時に父から贈られた手紙の文面が飾られている。

　その言葉を大切にしている店主の思いが宿るノート店。受け継がれるべき人柄なんだな……と感じながら、丁寧な手仕事のノートを手にとった。

※近くには建築好きの間でも知られている旧明倫小学校や旧明倫幼稚園などもある。

【京都ハリストス正教会 生《しょう》神《しん》女《じょ》福音聖堂】

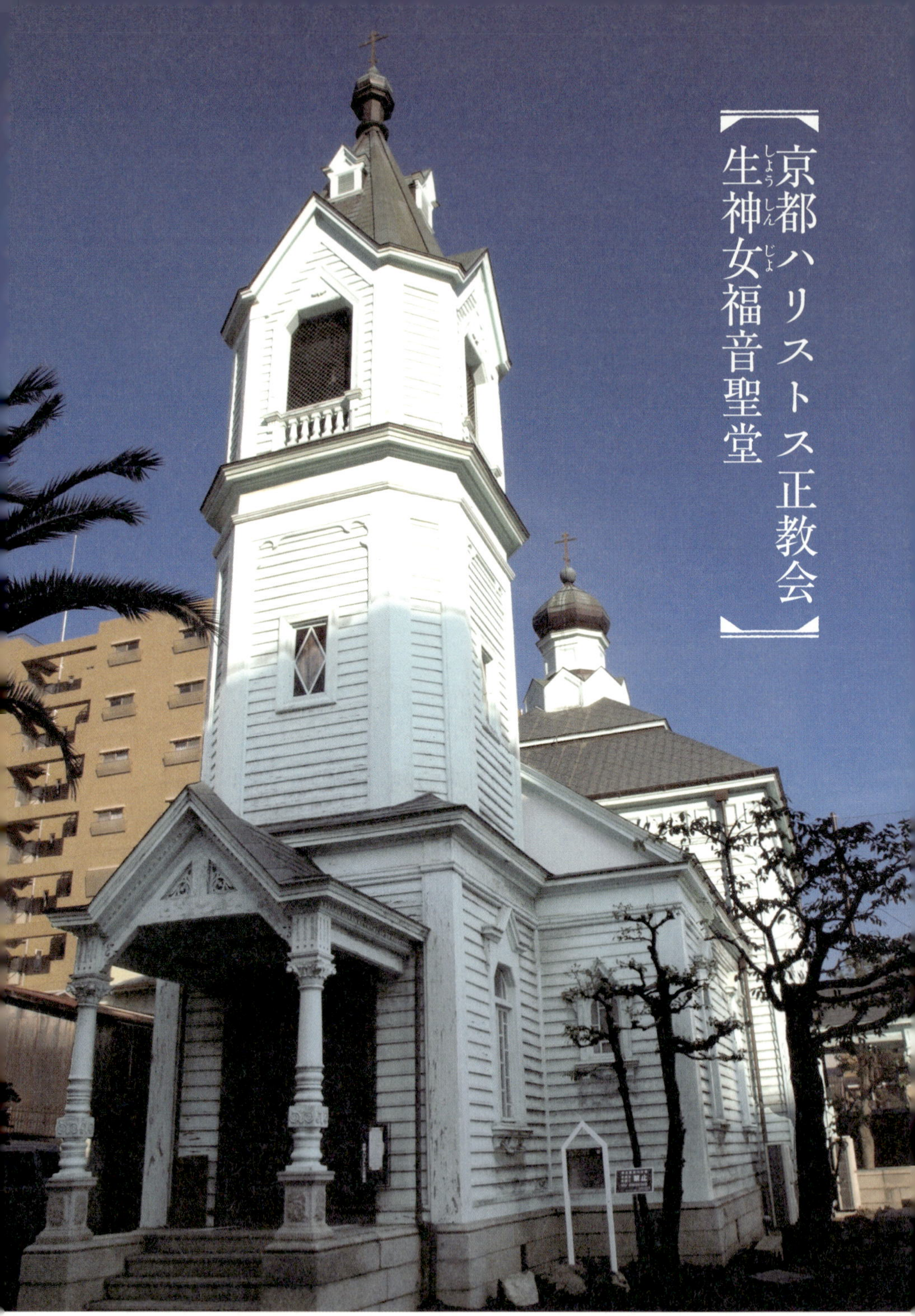

木造銅板葺き・ビザンチン様式聖堂

1. すりガラスと赤のステンドグラスがはめ込まれているドア　2. 塔へ続く階段の木製手すりには、さりげなくシックな細工が施されている　3. 祭壇前の木彫と深紅の絨毯が合わさる光景は、印象深く残る

静寂な旅へ導くロシア教会

輝きに満ちあふれているこの場に立つと、かえって心の中に静寂がおとずれ、日常は遠いどこかに消えさる。ともすると、自分が京都に居るということさえも忘れてしまいそうになる。

昔ながらの京町家とビルが混在しながら建ち並ぶ柳馬場通に、長い年月をかけて溶け込んできた、ロシア・ビザンチン様式聖堂の京都ハリストス正教会。東京・御茶ノ水ニコライ堂につぐ格式のある最古級の聖堂と言われている。

大主教ニコライ自ら京都へ赴いて、設計作業が進められたと伝えられており、京都府庁旧本館を手掛けたことでも知られる技師・松室重光による設計で、明治34年に竣工された。

八端十字架が空に輝くペパーミントグリーンの鐘塔、ロシアの街を思わせる代表的な玉ねぎ形ドーム。木造独特

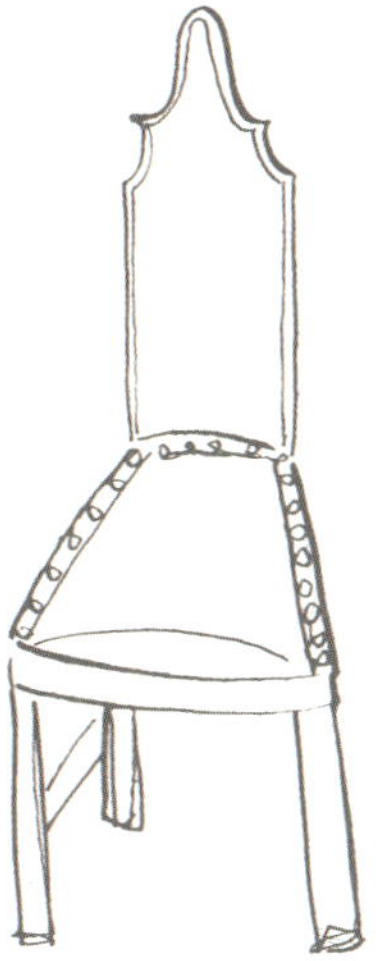

背もたれの部分が細長い木製の椅子。座面を張り替え大切に使われ続けている

こぼれるような淡い光を映し出す幾何学的な窓

の味わい深い外観、簡素でありながらも、均整のとれた意匠を持つ。

深紅のステンドグラスと十字架のすりガラスがはめ込まれた水色のドアを押すと、静謐な空間の中、赤と青の力強い光の糸が幾重にも織り重なる。気泡の入った透明のガラス窓からは、あたたかな腕に包まれるような淡い光の帯がすっとのび壁画を照らしている。

それはまるで異国の美術館で崇高な一枚の油絵を目にした時の心の奥底の震えにも似た感覚。

全く予期しなかったその光景に言葉を失い、ただ呆然と立ち尽くしてしまった。

ロシアの工房で作られた「受胎告知像」などのイコン画（平面の聖像画）30枚がはめ込まれた聖障（イコノスタス）、ロシアの信徒から寄附されたシャンデリア、燭台、聖器物の数々。

聖所に一人佇むと、ロシアの匂いや空気を肌の表面から体内へと浸透していくように感じとることが出来る。

いったい此処はどこだったのか……。問いかけながら建物をあとにし、いつまでもその余韻が消えることはなかった。

1

2

3

1. 絵画のような美しさの聖所。玄関・啓蒙所・聖所・至聖所が1列に並び、最も広い聖所を中心とする十字形平面構成　2. ロシアから届いた金属製の凱旋旗　3. 蝋燭形のシャンデリア

コラム

～受け継ぐ建物、受け継ぐ人～

丸太町東洋亭

たった一人の人間との出会いで、人生が大きく変化していくことがある。

大正時代、19歳の青年はある大富豪の米国人との運命的な出会いをきっかけに世界中を旅することになる。各国を巡る豪華客船での船旅、一流ホテルへの滞在、きらびやかなシャンデリア、まばゆいばかりの装飾品、女性たちが色とりどりのドレスを纏った華やかなパーティー……。それらのすべてが青年にどれほどの衝撃を与えたか計り知れない。フランスに渡った時のこと、ルーブルをはじめ、多くの美術館に行き、見聞を広めることを薦められ、青年は水を含んでいくスポンジのようにぐんぐんと欧風の感性で満

欧州の雰囲気が漂う外観

たされていった。その様子を刻々と絵葉書にしたため、日本に送った記録は今でも数えきれないほどの束となって残されている。渡仏中、料理の勉強を経験した後、11年間にわたる海外生活から帰国し、京都にレストランを開くことを決意。大正13年、現在の地に世界の旅のかけらがたくさん集まった洋食店を開店した。時の流れを受けセピア色に包まれた空間、高い天井、鉄製の装飾柵、2階への細長い階段のふかふかの壁に、まるで船内に居る錯覚さえ感じる。現店主は「この建物は、世界を旅した祖父からの贈り物……大切に自分たちの手で守っていきたい」と語る。

二階の部屋にはマントルピースが残る

カーテン越しに揺れる窓枠

セピア色の食事室で異国気分を味わいたい

※店の看板とも言える、石炭ストーブで作られるデミグラスソースは創業から変わらない味を守り続けており、3代、4代と続いて通う常連客もいるほどだ。

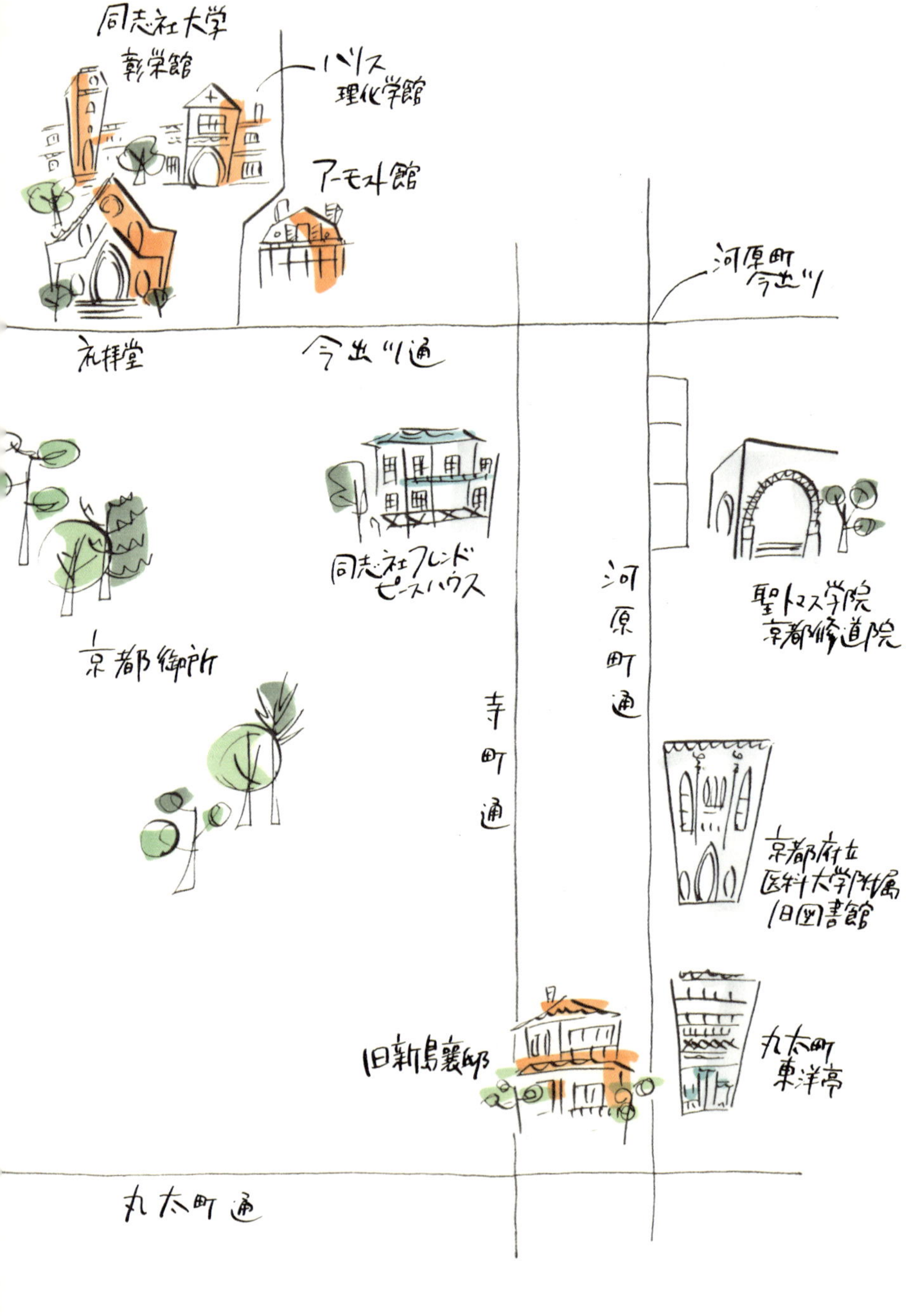
同志社大学
彰栄館
ハリス
理化学館
アーモスト館
礼拝堂
今出川通
河原町
今出川
同志社フレンド
ピースハウス
聖トマス学院
京都修道院
京都御所
河原町通
寺町通
京都府立
医科大学附属
旧図書館
旧新島襄邸
丸太町
東洋亭
丸太町通

御所付近コース

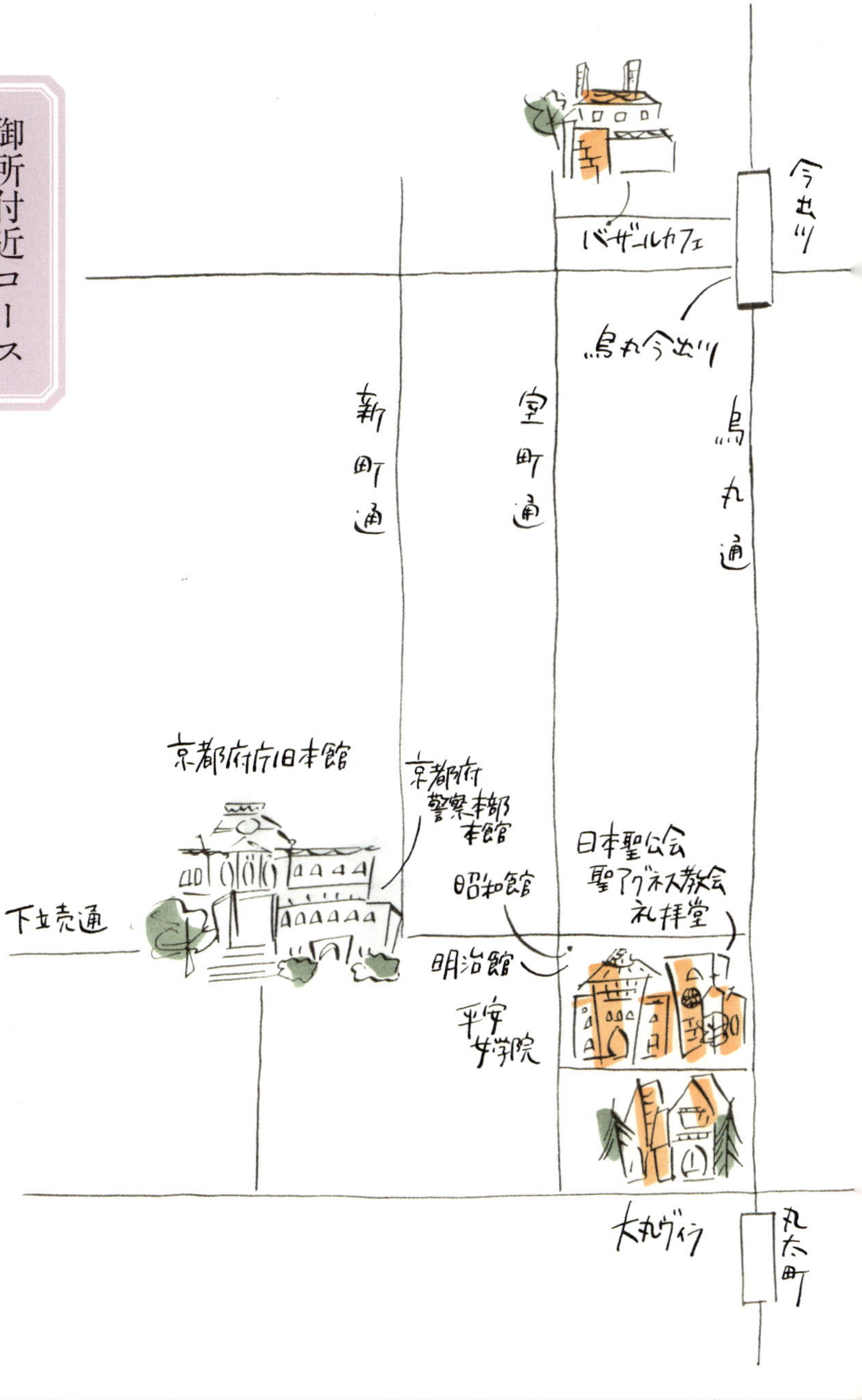
バザールカフェ
今出川
烏丸今出川
新町通
室町通
烏丸通
京都府庁旧本館
京都府警察本部本館
日本聖公会
聖アグネス教会
礼拝堂
昭和館
下立売通
明治館
平安女学院
大丸ヴィラ
丸太町

煉瓦造りのロマンティック建築を眺めるコース〈御所付近コース〉

御所周辺は同志社を中心に煉瓦造りの英国調建築が多く見られるところ。

○御所西コース

地下鉄丸太町駅烏丸通沿い。煉瓦の塀の向こうに鬱蒼と茂る樹々の中、ヴォーリズ建築の英国チューダー洋式の洋館、旧下村邸「大丸ヴィラ」を眺める。御所の緑を感じながら歩いていくと、煉瓦造りの「日本聖公会聖アグネス教会礼拝堂」。薔薇窓にうっとりと。「平安女学院・明治館、昭和館」一帯が英国の街角のよう。フランスの宮殿を思わせる「京都府庁旧本館」。ゆらぐガラスのアーチ窓から中庭を眺めたい。「京都府警察本部本館」では、ステンドグラスの窓をひっそりと見つける。

○御所北から御所東コース

地下鉄今出川駅西側、元はヴォーリズが宣教師・シャイブリー

のために設計した住宅「バザールカフェ」でテラスの花々に囲まれお茶の時間を。ステンドグラスと照明の愛らしさに目を奪われる「礼拝堂」「彰栄館」「ハリス理化学館」「アーモスト館」など同志社大学は赤煉瓦洋風建築の宝庫。今出川通から洋風建築店舗も多く残る河原町通辺りへ。隠れた武田五一建築、旧山口玄洞邸「聖トマス学院京都修道院」、荘厳なゴシック洋式に惚れ惚れとする「京都府立医科大学附属旧図書館」、旧宣教医J・C・ベリー邸「同志社フレンドピースハウス」を外から眺めた後「旧新島襄邸」を見学。アンティークの宝箱のような「丸太町東洋亭」で洋食をゆっくり楽しみたい。

○御所西コース　■旧下村邸「大丸ヴィラ」（昭和7年 設計／W・M・ヴォーリズ）京都・登 ■日本聖公会聖アグネス教会礼拝堂（明治31年 設計／J・M・ガーディナー）京都・指定 ■平安女学院 明治館（明治27年 設計／A・N・ハンセル）国・登 ■昭和館（昭和4年 設計／J・V・W・バーガミニー＋内藤多仲）国・登 ■京都府庁旧本館（明治37年 設計／松室重光）国・重 ■京都府警察本部本館（昭和2年）

○御所北から御所東コース　■バザールカフェ（旧シャイブリー邸）（大正8年 設計／W・M・ヴォーリズ）■同志社大学構内　礼拝堂（明治19年 設計／D・C・グリーン）国・重 ■彰栄館（明治17年 設計／D・C・グリーン）国・重 ■ハリス理化学館（明治23年 設計／R・ゼール）国・重 ■アーモスト館（昭和7年 設計／W・M・ヴォーリズ）国・登 ■旧山口玄洞邸「聖トマス学院京都修道院」（大正12年 設計／武田五一）■京都府立医科大学附属旧図書館（昭和4年）■旧宣教医J・C・ベリー邸「同志社フレンドピースハウス」（昭和11年 設計／D・C・グリーン）国・登 ■旧新島襄邸（P64）（明治11年）京都・指定 ■丸太町東洋亭（P58）

【旧新島襄邸】

白を基調としたバルコニーがある建築洋式はアーリーアメリカンスタイルと呼ばれる

1. 応接間には優雅な籐製のソファも　2. 植物の細工が美しい吊り下げランプ　3. 新島が愛用していたランプが描かれたスタンプを記念に押印できる

心揺さぶる和洋館

樹々の緑豊かに神聖な空気を帯びる京都御所、それに沿うように寺社が並ぶ寺町通。その一角に同志社の創設者・新島襄とその妻・八重の私邸がある。

　まだ肌に冷たい風が吹きつける頃、和風の門扉をくぐると、一本の白梅が微笑みかけるように花開き、出迎えてくれた。46歳という若さで逝去した新島の晩年の漢詩「寒梅の詩」を思い起こす。

庭先の一本の梅の木、寒梅とでも呼ぼうか
風に耐え、雪を忍び
笑っているかのように平然と咲いている
別に争って無理に一番咲き

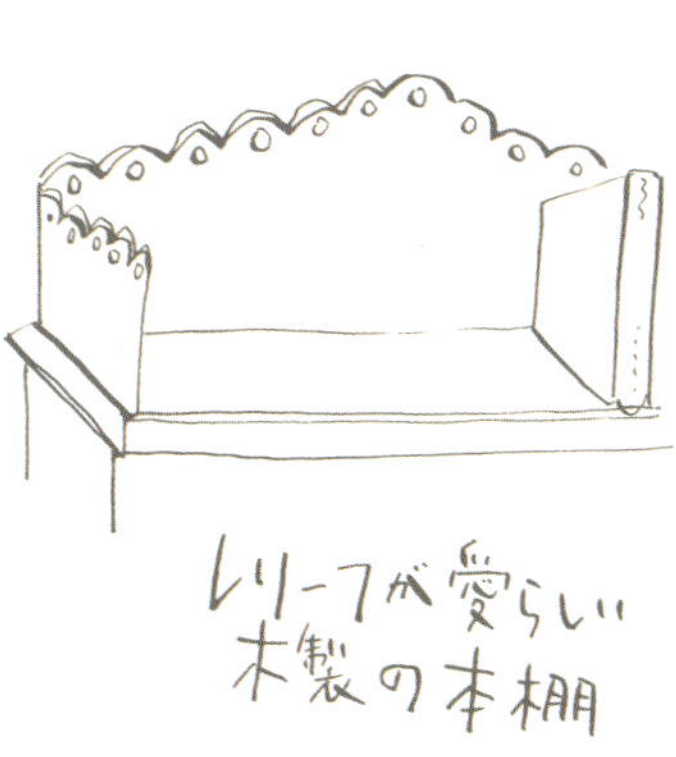

を競って
努力したのでもなく
自然にあらゆる花のさきが
けとなったのである
（漢詩訳）

波乱の幕末時代に、21歳で海外渡航の禁を犯してまでボストンに渡り、キリスト教の伝道と学校開設に奔走したその情熱と人となりを重ね合わせて、この邸宅を巡りたいと思った。

同志社英学校で教師を務めていた医師のW・テイラーの意見をもとに、京都の大工の手で明治11年に竣工。邸宅の内部は、和と洋が自然に調和し、真壁《しんかべ》の白にチョコレート色のコントラストが美しいコロニアル様式の外観。どの部屋にも大きくとられた窓から柔らかな光がふんだんに降り注ぐ。1、2階の東、南、西の三面にめぐらせたバルコニーに直接行き来できるフランス窓があり、身も心も解き放たれるような開放感にあふれている。

当時の語らいが聞こえてきそうな応接間には、使い込まれた椅子やテーブルがそのままに。書斎には、新島が使った机、文具、乳白色のランプが置かれ、壁一面には書棚がある。

新島にとってははほんの10年ほどの住まいであったが、他界後、八重は洋間を改造して茶室「寂中庵」を造り、洋風から純和風へと回帰し、86歳まで暮らし続けた。

応接間には八重が愛用していたオルガンが

乳白色の陶製のドアノブ

1. 1階書斎の道具類も当時のままに
2. 部屋を囲むように造られた気持ちの良いバルコニー　3. 二階の寝室には、木製のベッドが展示されている

1

2

3

西陣
IT
路地

コラム

～建築家・岩元禄のこと～

旧京都中央電話局西陣分局舎

油小路中立売。ひっそりと静かな通りの一角に異彩を放つ建物がある。壁面に裸婦のレリーフが幾つも並ぶ現代美術館を思わせる斬新さ。大正11年に建てられた「旧京都中央電話局西陣分局舎」。設計者・岩元禄は、逓信建築の先駆者と言われた人物。

およそ電話局の建物とは思えない常識を打ち破った建物の前を西陣の若い織手の女の子たちは、顔を赤らめうつむきながら通っていたという。そういう時代にいったいどんな人物が何を考え何を託し造ったのか？

禄の兄・岩元禎は、志賀直哉の家庭教師であり、夏目漱石の小説「三四郎」の登場人物、高校の英語教師〝広田先生〟のモデル。「偉大なる暗闇」と呼ばれ恐れられ、頑固で厳格な教師だったと言われている。幼少期に父を亡くした禄は、兄の欧州への志向や文化の影響を受けながら育ち、絵画、彫刻、音楽と多趣味であったという。また建築学科へ通う大学時代、ヌードデッサン会にもよく行っていたそうだ。建物の裸婦像の彫刻も自らデザインしている。自由な感覚や発想を若い学生たちに唱え感動を呼んだが、結核を患い、道半ば29歳で夭折。

現存する唯一の作品から伝わる情熱を受け止めながら、国の重要文化財となったこの建築物をもう一度眺め直したい。

※逓信省とは、明治から昭和24年迄の内閣各省の1つで、郵便や電話、電気の行政を担っていた。当時、逓信省では、時代をリードする個性あふれる建築家を擁していた。

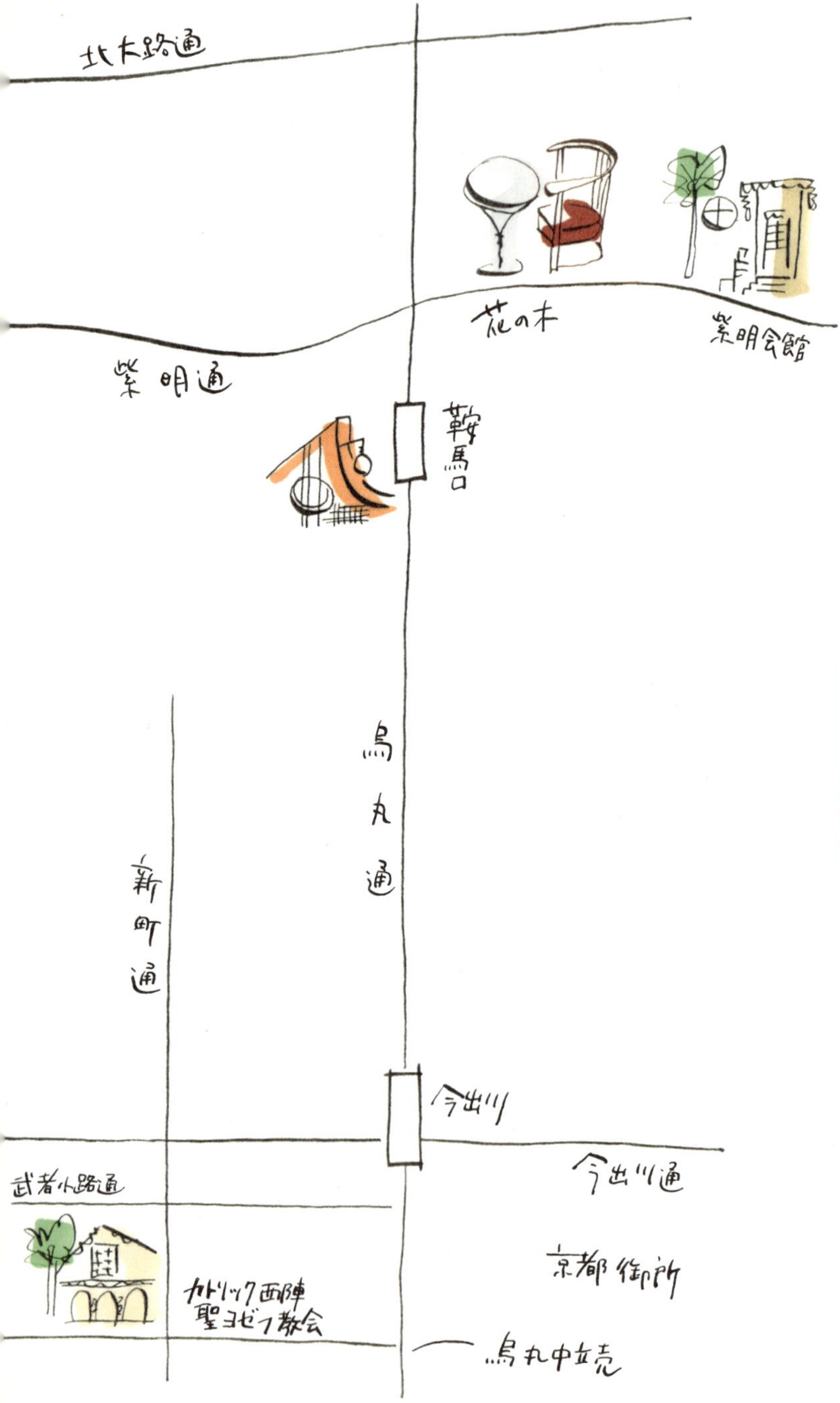

北大路通
花の木
紫明会館
紫明通
鞍馬口
烏丸通
新町通
今出川
今出川通
武者小路通
京都御所
カトリック西陣
聖ヨゼフ教会
烏丸中立売

紫明通〜西陣コース

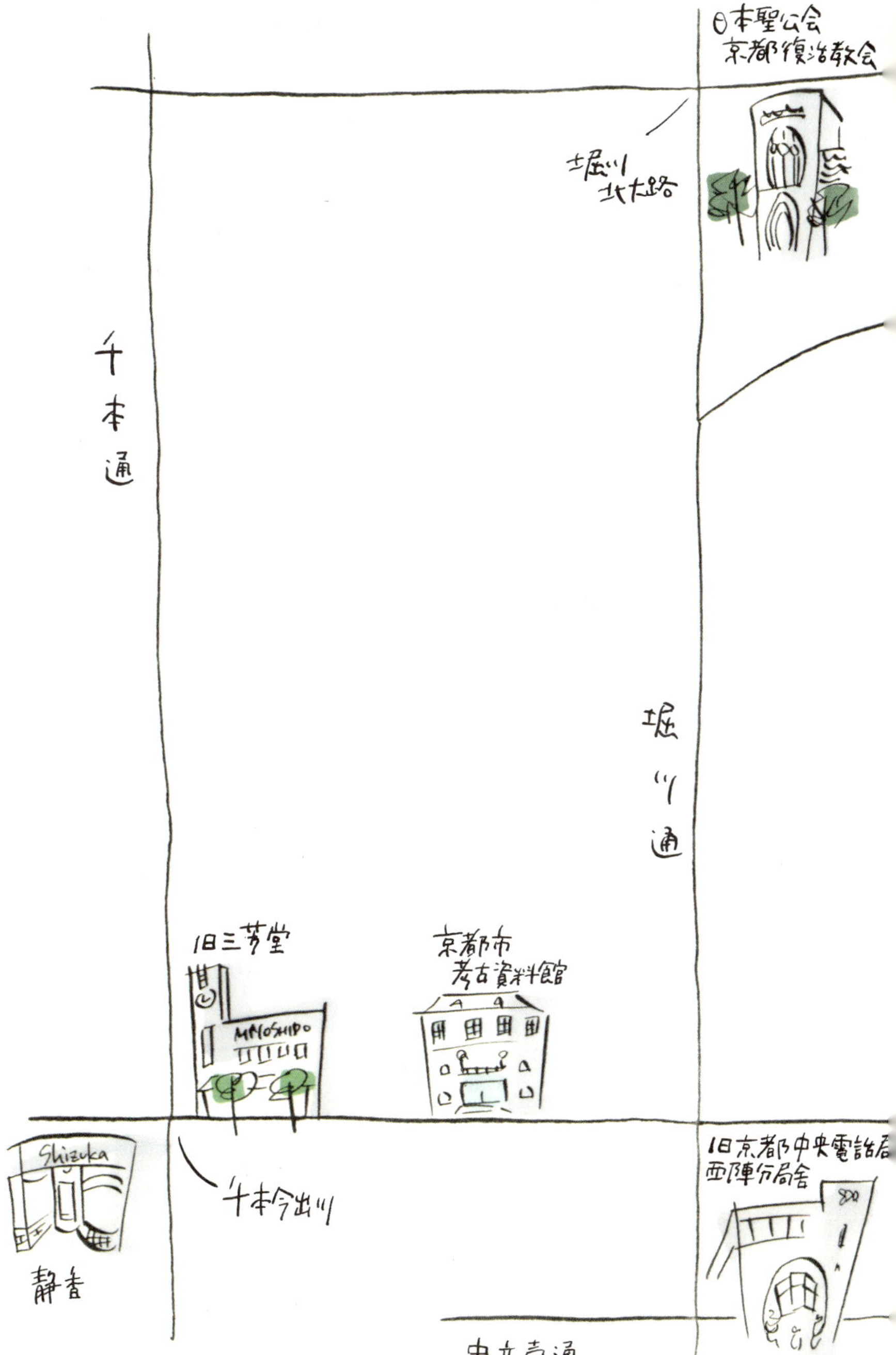
日本聖公会
京都復活教会
堀川
北大路
千本通
堀川通
旧三芳堂
MIYOSHIDO
京都市
考古資料館
Shizuka
静香
千本今出川
旧京都中央電話局
西陣分局舎
中立売通

名物喫茶を巡るコース

〈紫明通～西陣コース〉

逸話が語り継がれる喫茶や
人知れず佇む建築物が
点在するコース。

黄金色に鈍く光る真鍮の低い丸テーブル、モノトーンの市松タイル。カウンター越しのジャン・ギャバンのポスターは、常連の一人である俳優・高倉健より「この店に似合うから」とある日突然贈られたもの。鞍馬口、紫明通「花の木」で朝のひととき。歩いて数分、時が止まったままの「紫明会館」が。スパニッシュ風の外観、丸窓に装飾格子を眺める。北大路通を西へ。ヴォーリズ建築の中でも有名なゴシックスタイルの教会「日本

聖公会京都復活教会」。塔部分のすかしから空の光に導かれる。西陣の辺りへと足をのばして「カトリック西陣聖ヨゼフ教会」へ。クロスとハートの装飾が施された窓に見とれる。西へ目指すのは「旧京都中央電話局西陣分局舎」、建築家・岩元祿の自由な表現を感じながら眺めたい。千本今出川交差点「旧三芳堂」の時計台、西陣織が栄え華やいだ時代からこの町の流れをじっと見続けてきた老舗喫茶店「静香」。雲間を飛び交う鳥のすりガラス。カーヴを描くウィンドウと小さなタイルの組み合わせ、木彫の壁面、深緑色のビロードの椅子、使いこまれた道具。愛のこもった日々の手入れが伝わってくる。裏庭のレンガやアーチ状に象《かたど》られた意匠など細部まで見逃せない。

花の木（昭和41年創業）
紫明会館（昭和7年 設計施工／清水組＋十河安雄）
日本聖公会京都復活教会（昭和11年 設計／W・M・ヴォーリズ）
カトリック西陣聖ヨゼフ教会（昭和21年）
旧京都中央電話局西陣分局舎（P69）国・重
旧三芳堂（昭和4年 設計／山虎組設計部）
静香（昭和13年創業）

コラム

紫明 卯庵

～受け継ぐ建物、受け継ぐ人～

門をくぐるとすぐに不断桜と洋館の窓が

作家が暮らした洋館付き和風住宅

早咲きの不断桜が、春の訪れを告げる庭先、柔らかに白く透きとおる木漏れ陽が注がれる部屋。

そこは、随筆家・岡部伊都子の住まい兼書斎だった洋館付き和風住宅。元は医者の住まいとして造られた家屋で、伊都子は3代目の家主であった。

執筆は1階和室。丹念に育てられた庭が望める窓側に向けて、机が置かれていた。廊下でつながる洋館の6畳ほどの部屋は、編集者、記者らが原稿の出来上がりを待つ場所として使われていたとか。記者達の煙草のやにで真っ黒だったというが、その気配は

柔らかな光と風を受ける木枠の窓辺

透き通るような木漏れ陽に包まれる部屋

クリスタルのドアノブが静かに光る

今は感じられない。天井や照明は当時のままに、透明感のある清楚な空気が漂っていた。

手入れをしながら40年近く暮らしたこの住まいへの伊都子の思いはことのほか深く、変わらぬ姿で受け継いでくれる家主を探していたところ、縁あって骨董や茶道にも通じている現店主へと繋がっていった。しつらいの美しさから、建物への愛情がしみじみと伝わってくる。現在は、伊都子が創作にふけった場で、ゆっくりと懐石料理を楽しむことができる。

※大正から昭和初期、西洋の影響を受け一般家庭にも和洋折衷のライフスタイルが流行した時代、和風建築の玄関脇に小さな洋館がついた家屋が多く建てられた。それは〝文化住宅〟とも呼ばれ、憧れのひとつの形だった。

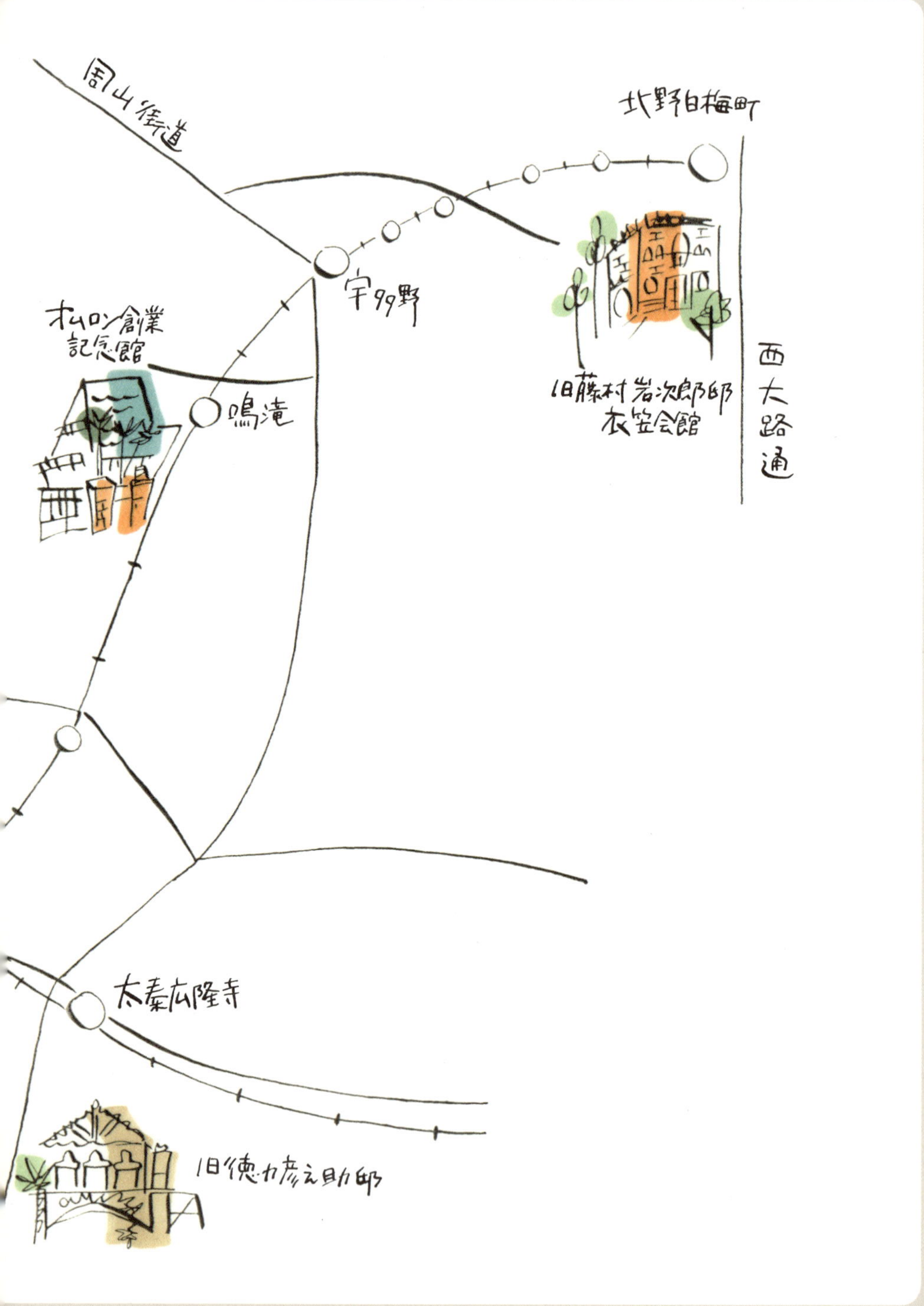

周山街道
北野白梅町
宇多野
オムロン創業記念館
鳴滝
旧藤村岩次郎邸
衣笠会館
西大路通
太秦広隆寺
旧徳力彦之助邸

嵐電コース

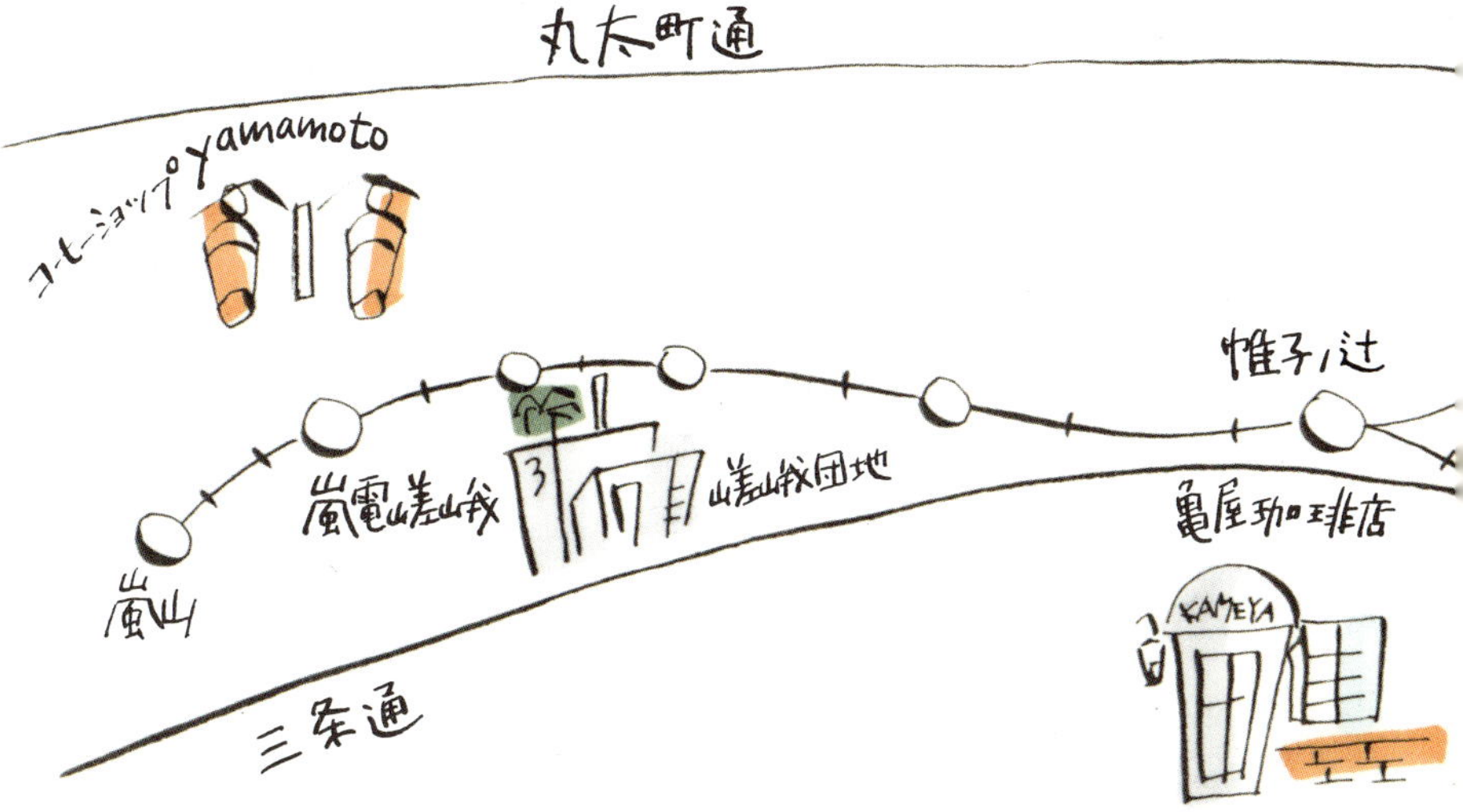

嵐電に乗って喫茶と建築巡りの小さな旅コース

〈嵐電コース〉

のんびりとのどかな電車に乗ったり降りたり。

【北野白梅町】門扉の向こうには庭をはさんでアーチ窓が連なる赤レンガの洋館、旧藤村岩次郎邸「衣笠会館」の一部が見える。綿ネル機業を起こした、実業家・藤村岩次郎の支援により、この辺りはかつて文化の発信地で〝絵描き村〟と呼ばれ、多くの画家のアトリエがあった。

⇦

【鳴滝】昭和初期に別荘地として開発された辺り。バンガロースタイルの「オムロン創業記念館」は、大正期の別荘建築とし

ても貴重とされている。

【太秦広隆寺】蔦の絡まるイギリスのチューダー・ゴシック洋式の洋館「旧徳力彦之助邸」へ。

⇦

【帷子ノ辻】駅前の「亀屋珈琲店」でひと休み。近くの撮影所の常連が集う気取りない喫茶店。モーニングセットについてくる8種類の季節のフルーツはうれしい一皿。

⇦

【嵐電嵯峨】レトロな「嵯峨団地」を経由して「コーヒーショップyamamoto」へ。店内はイタリア製の照明、シックな雰囲気。自家焙煎のおいしい珈琲とショートケーキのようなフルーツサンドを楽しみたい。

⇦

旧藤村岩次郎邸「衣笠会館」（明治38年頃）国・登
オムロン創業記念館（昭和3年 設計／成瀬隆三）
旧徳力彦之助邸（P80）国・登
亀屋珈琲店（昭和35年創業）
嵯峨団地（昭和31年）
コーヒーショップyamamoto（昭和44年創業）

象徴的なステンドグラスの窓

【旧徳力彦之助邸】

イギリスの田舎に見られるようなハーフティンバー造(※1)のチューダー・ゴシック様式住宅(※2)
(※1) 木造の骨組みを外部に出し、石やレンガで埋めた壁が特徴
(※2) イギリスのチューダー朝時代のゴシック系建築様式

英国豪華客船を取り入れた芸術家の洋館

〝憧れは強く思い続ければ道筋はつながり、形にしていけるものなのだ〟とこの館は教えてくれる。

太秦広隆寺駅からほど近く、鬱蒼と生い茂る庭木に囲まれ、どっしりと建つイギリス風の古い洋館「旧徳力彦之助邸」。

徳力家は足利末期より代々西本願寺に絵所《えどころ》として所属した家柄。芸術家一家の次男である漆芸家・彦之助氏の住宅兼アトリエとして昭和12年に自らの設計により建てられた。現在は、康乃夫人の金唐革、次男竜生氏のステンドグラスのアトリエとなっており、教室も開かれている。

この椅子を参考にして、当時の大工がレプリカを数脚製作。脚の部分にまで細かい細工が

ルネッサンスからロココ時代の幻の皮革技術と言われている金唐革のうっとりとする作品、光をきれいに映し出す色とりどりのプラスチック照明もしっくりとこの空間に馴染んでいる。この洋館そのものが、芸術家一家が創り出す一つの作品なのだ。

　約200年前の英国客船のステンドグラス、床材、手すり、調度品などを随所に取り入れ、細部にわたってわざとねらった不揃いさや古さを生かすために、綿密に大工に指示を出し、こだわりながら二人三脚で創っていったのだそう。その作業は芸術家として作品を創ることと同じように楽しい時だったのではないだろうか。

　元々イギリスの田舎家に憧

1. 応接間、マントルピース上の飾り棚　2. アンティークの家具や調度品が置かれる部屋　3. 金唐革の作品が日々制作されるアトリエの机上

れを抱いていた折、英国豪華客船の部材が大阪の倉庫に眠っているという情報が入ったことが大きなきっかけになったのだそう。当時、これだけ豪華で豊富な部材を買い、使いこなせる人は、貴重な存在であったに違いない。破格の値段で手に入れられたことも幸運な時代と言える。

　どんな形の船だったのだろう？

　どんな航海をしてきたのだろう？

　夜ごと繰り広げられる豪華な晩餐、舞踏会……。なめらかな手すりに指をすべらせれば優雅なワルツが聞こえてきそうだ。波や船を象るステンドグラスから差す淡い光の中をたゆたいながら海の上の出来事に思いを馳せる。

4. 英国船内で使われていた階段の手すり　5. 現存はしないが、屋根、床、テーブル、椅子などの家具にいたるまで、すべてをプラスチック作品で覆いつくした”オール・プラスチックルーム”をテラスに創り、世間を驚かせ多数の雑誌に取り上げられた

入口正面の扉は、手斧削り。
金具にも趣がある

船の図柄のステンドグラス

コラム

～受け継ぐ建物、受け継ぐ人～

きんせ旅館

ここは京都の旧花街、島原。幾重にも重ねた鮮やかな色を纏い、高下駄で内八文字に練り歩く太夫の姿が目に浮かぶ。江戸時代の由緒ある置屋「輪違屋《わちがいや》」（京都・指定）や揚屋の代表格「角屋《すみや》」の姿がひっそりと静かに名残を見せる。

２５０年ほど前揚屋だった建物が、艶やかな時空を超え、一人の男性の手により甦る。

明治後期に男性の曾祖母がこの建物を買い取り、旅館として開業した「きんせ旅館」。和風建築の格子戸を開けた途端、足をすくわれるようにタイムトリップしてしまう。ダ

引き戸のガラスにも鶴が舞うステンドグラス

妖艶な光が灯る元ダンスホールでお酒やお茶を

遊び心にあふれた泰山タイルの組み合わせ

アールを描くアプローチ部分

ンスホールとして使われていた折り上げ天井の広間では、くすんだオレンジ色の光の中で、とりどりの鮮烈なステンドグラスが息を吹き返す。薔薇、菊、シャクナゲの花々が、色香を漂わせながら鮮やかに咲き乱れ、黄や青の蝶が舞い、仲むつまじく鶴のつがいが大きく羽ばたく。諸処にちりばめられた泰山タイルの色あそびに引き込まれていく。

非日常を追い求める客人の思いをかきたてる空間は、長い時をかけて受け継がれ蘇り、アルコールがしっとりと似合うカフェ旅館として今ここに……。

御手洗には紅色のグラデーションタイル

※ 置屋とは、太夫や芸妓をかかえ揚屋に派遣していた店。揚屋とは、今の料亭にあたる店で、文化的サロンの役割も担っていた。「角屋」は揚屋建築として貴重とされ、国指定重要文化財。

七条通の近代建築を巡る

明治から大正初期に行われた都市整備により七条通は発達し、黒塗りの町家の中に銀行や商店が並ぶ中、昭和52年までは市電が走っていた。大正ロマンが色濃く残る建物が点在する。本願寺にほど近いことから仏具関係の店が今も軒を連ねている。

グランヴェルジュ京都七条倶楽部

（旧鴻池銀行七条支店）

江戸初期の豪商、鴻池家が明治に設立した銀行の建物。三菱東京UFJ銀行の前身。壁面に縄模様、柱の装飾に唐草模様などが施され、クラシカルで上品さが漂う。元金庫の鉄扉など、銀行当時の名残も。近代建築の巨匠・武田五一の弟子大倉三郎+宗建築事務所による設計。〔昭和2年築〕

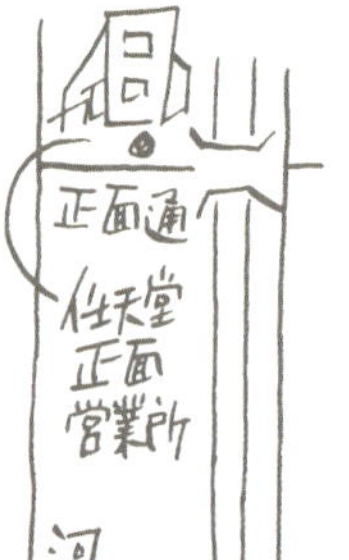

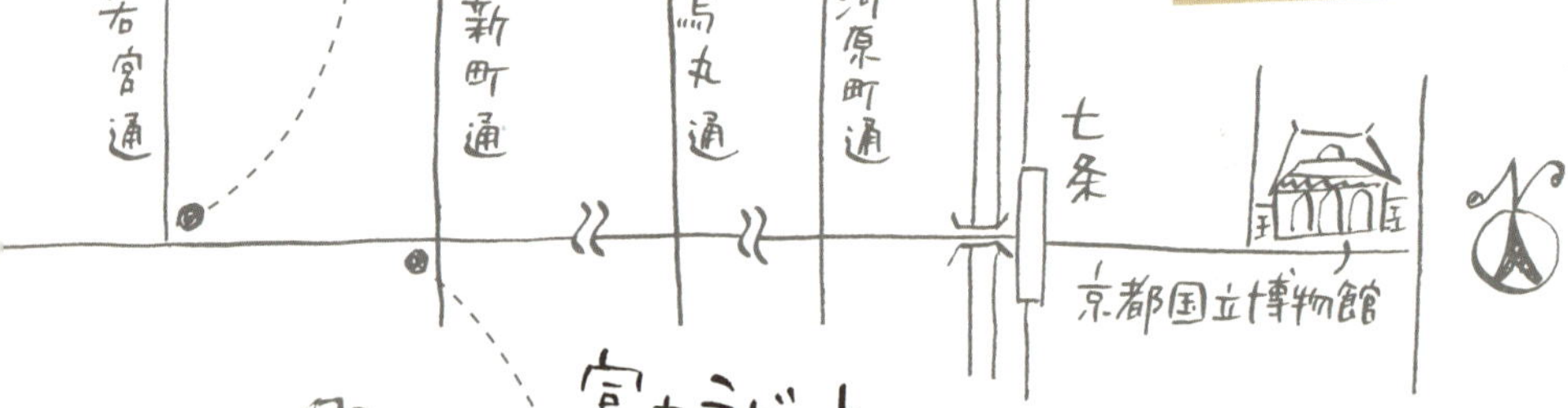

富士ラビット

（旧日光社社屋）

大正7年にT型フォード車の輸入代理店として設立され、戦後、富士ラビットスクーターの販売をしていた日光社の社屋。鉄筋コンクリート、外壁のみレンガ造り。正面、意匠の欄間にはめこまれたタイヤを象ったステンドグラスは珍しい。三角形の幾何学装飾や、壁面中間部には銅板の天使のレリーフなどもあり自由な発想に富んでいる。近代建築ファンの間でもよく知られている建物。〔大正14年頃築／国・登〕

本願寺伝道院

(旧真宗信徒生命保険)

京町家が並ぶ中で奇抜な印象が強いドーム型赤レンガの建物。日本建築の源流を辿るためアジアを旅し、お化けや怪獣好きの異色建築家として知られている伊東忠太設計。インド寺院風の花頭窓の連続は、高欄で囲まれている。道路脇の石柱の上には、伊東デザインの怪獣が並んでいて面白さに拍車をかけている。平安神宮、祇園閣、東京の築地本願寺なども伊東の作品。〔明治45年築／伊東忠太／京都・指定〕

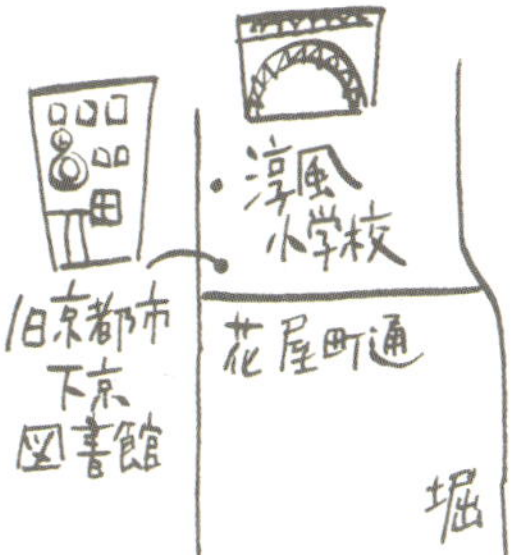

きょうと和み館

(旧村井銀行七条支店)

京都のたばこ王・村井吉兵衛が創業した旧村井銀行の建物で、米国で建築を学んだ吉武長一設計。堂々と迫力ある4本の円柱や細部にわたる幾何学模様の装飾は、ギリシャローマ様式の影響。〔大正3年築〕

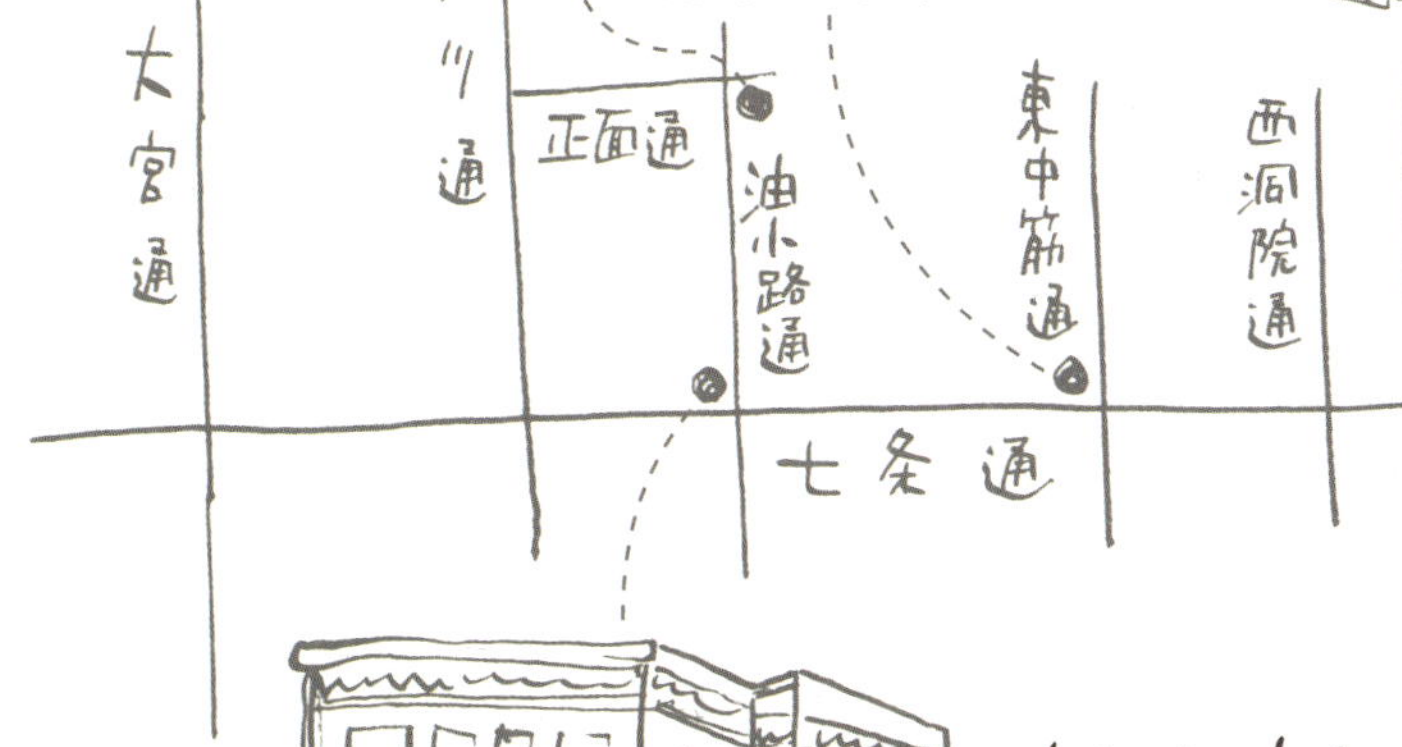

村瀬本店

風合いのあるタイル貼りの2階壁面、正面左右にボールの装飾などがありセセッション風の建物。戦前は薬局だったとか。〔設計者不明、大正から昭和初期築〕

商業建築と建築家・伊東忠太コース〈七条通周辺コース〉

商店や銀行など大正から昭和初期の洋風建築が色濃く残る。

京阪七条駅から七条通を東へ。迫力あるバロック様式の「京都国立博物館」へ。宮廷建築を多く手掛けた片山東熊の設計。鴨川を渡り正面通へ。路地にひっそりと佇むアール・デコ調の建物に巡り会う。元は花札、トランプの製造から始まった任天堂発祥の地「任天堂正面営業所」。鮮やかな泰山タイルに石壁の模様、千鳥が飛ぶ鉄柵など玄関周りは特に見所が多い。七条通へ下りしばらく西へ歩くと、仏具店の合間に洋風建築が見られる。建築好きの間でも特に有名な「旧日光社社屋」。シンメトリーな建ち姿に見惚れる「旧鴻池銀行七条支店」は京大農

学部演習林事務室も手掛けた大倉三郎の設計。堂々とした柱が魅力的な「旧村井銀行七条支店」や洋風商店建築の「村瀬本店」へ。

油小路通を上がると、仏具店が連なる。妖怪好きでもよく知られている建築界の巨匠・伊東忠太の作品「本願寺伝道院」を訪れる。車止めの怪獣像たちが出迎えてくれる。花屋町通を西へ行くと懐かしい文具店などが残る。珍しいタイルや柵を見つけながら歩きたい。窓、玄関部、門柱の照明などがアーチ形の意匠で統一された「淳風小学校」と大きな丸窓を持つ「旧京都市下京図書館」が隣合わせに。

京都国立博物館 特別展示館（明治28年 設計／片山東熊）国・重
任天堂正面営業所（昭和8年 設計／増岡建築事務所）
旧日光社社屋（富士ラビット）（P86）（大正14年頃）国・登
旧鴻池銀行七条支店（グランヴェルジュ京都七条倶楽部）（P86）（昭和2年 設計／宗建築事務所＋大倉三郎）
旧村井銀行七条支店（P87）
村瀬本店（P87）
旧真宗信徒生命保険（本願寺伝道院）（P87）（明治45年 設計／伊東忠太）京都・指定
淳風小学校（昭和6年）
旧京都市下京図書館（昭和5年頃）

アサヒビール大山崎山荘美術館

鉄筋コンクリート造、イギリスのハーフティンバー工法による本館・上棟部

交互に紋様を組み込まれた本館壁面

雄大な景色を望める

若き日に見た景色の記憶は、なぜこれほどまでに鮮明に焼き付いて離れないのだろう。

イギリス・ウィンザー城から眼下に見下ろす雄大な景色。豊かな緑に包まれ悠々と流れるテムズ川を目にした時の感嘆の記憶の糸を辿るように、ひとつの洋館が造り上げられていった。

関西の実業家・加賀正太郎が青年時代、欧州を遊学中に吸収した様々な文化と忘れられないひとつの景色。

眼下に木津・宇治・桂の三川が合流する天王山の南麓、四季折々の自然豊かな森はまさにその景色そのものだった。

大正から昭和初期にかけ、別荘として自ら設計し建て

1階元応接室の飾り暖炉。ほかにも、中国・後漢時代の墓の装飾に使われる馬車や龍の紋様が入った貴重な石が使用されている

た洋風建築の「大山崎山荘」。最初に敷地全体を見渡せる「白雲楼」を建て、塔の最上階から建設の指揮をとったと言われている。

イギリスの炭鉱主の家を参考にして造られた玄関から一歩足を踏み入れると、重厚で落ち着きのある邸宅に胸が高鳴る。

太い梁がめぐる高い天井、飴色に磨かれた木の手すり、柔らかなオレンジ色の光。「悠々居」と呼ばれていた本館の下には、アーチが連なる温室に沿う池や藤の花が咲き乱れる池など3つの池があり、庭と森との調和も大切に考えて造られた。

元は加賀夫妻の寝室だった

1. マーブル模様に彩られたオレンジ色のステンドグラスがある階段　2. 階段北側にあるドイツ製のステンドグラスは、2階中央に立った人の目線に合うようマリアの絵が設置されている。壁の鏡に映りこんで、空間の広がりを感じる　3. 夫婦の仲睦まじい姿を思わせるツインバードの照明　4. 2階ゲスト用バスルーム。優しい色合いの表情があるタイル

アーチ状の意匠が印象的な1階テラス

2階のテラスでは、伸びやかに流れる三川と自然が溶け合う雄大な景色にのんびりと身を委ね、ティータイムを楽しめる。ただひたすら静かに、とろとろと水の流れに溶けていくようにえも言われぬ贅沢な時。

加賀氏は蘭栽培にも深く愛情を注いで新品種を生み出し、「蘭屋敷」と呼ばれるほどになった山荘に、ゲストを数多く招いていた。そのため人々の目も楽しませる遊び心とゆったりとくつろげる工夫がいたるところに尽くされている。

昭和42年に加賀氏の手を離れたあと所有者は転々とし、荒廃寸前のところ、アサヒビールが、京都府の協力依頼を受けて所有することになり、平成8年に美術館となった。

コラム

～建物のテクスチャーを味わう～

京都市美術館

なめらかで優雅なアプローチの階段を上りながら、いつも高い天井を見上げる。万華鏡を覗き込んだ時のような光と色の羅列。ステンドグラス、淡くオレンジ色の優しい照明。「何があるんだろう?」そんな気持に誘われ、じっと細部に近寄ってじっくりと見てみる。ひと皿の料理を味わうように……色、質感、音（歩いた時の靴の響く音）を感じながら五感をフル作動して――。

京都市美術館には、大理石、タイル、漆喰の3つの素材が中心的に使われており、場所ごとに変化にとんだ展開となっている。エントランス部分は豪華な大理石。力強く、固くコッコッと響く音。美術館に足を運ぶ人々の作品への期待感を助長する。外気にさらされ風雨を受け、時の経過とともに変化していくタイルは生き物そのもの。外観のタイルに入っている鉄粉は、鉄のさびの粒子が散ったような独特の柄となっている。入り口部分には、色の深みが情緒的なグリーンやブラウンの泰山タイルが使われている。内部の階段部分には工業用のモスグリーンを使い、意図的に変化を持たせている。館内に足を踏み込むと自然に靴あたりもなめらかに、静かになっていることに気づく。

大理石の質感を味わいながら上っていきたい

※泰山タイル　京都発祥の泰山製陶所で製造されたタイル。大正時代から昭和30年代まで製造し使用されていた。土に釉薬をかけて焼かれているため、陶器のように色や質感に風合いがあり芸術品のように美しい。

※昭和8年竣工。公募されたコンペの採用条件は「日本趣味を基調とすること」。採用された前田健二郎は数々のコンペ受賞歴を持つ元逓信省の設計者。

直線と曲線を組み合わせ、弧を描くように緩やかに仕切られた食事室

1. サンルームの連双窓は、景色を取り入れるため、柱をなくす工夫がされている。左右コーナーには花台が取り付けられている　2. 玄関ドアのクリスタルカットのガラス

自然と溶け合う建築家の住宅

時に風にしなる竹の葉が、さらさらとささやき合い重なり合う。静寂な山合いにその音だけが身体の奥に響いてくる。

緑と自然の水が豊かな天王山の山すそ大山崎。大正9年頃、建築家・藤井厚二は、この地に約1万2000坪の土地を買い求め、気候風土にあった自邸を実験的に何軒も建て、住み心地を検証していた。

自然エネルギーを生かした住宅の集大成となった5回目の作品が「聴竹居」として現存し、今もその姿に触れることができる。

藤井氏は、福山の代々続く造り酒屋に生まれた。資産家で本物を見極める審美眼を育む恵まれた家庭環境だった。

建築だけでなく、家具、照明、自著の装丁のデザインも手掛け、茶道、華道、陶芸を嗜み、「藤焼」と称した器を竣工時に施主へ贈っていた。敷地内にはプールやテニ

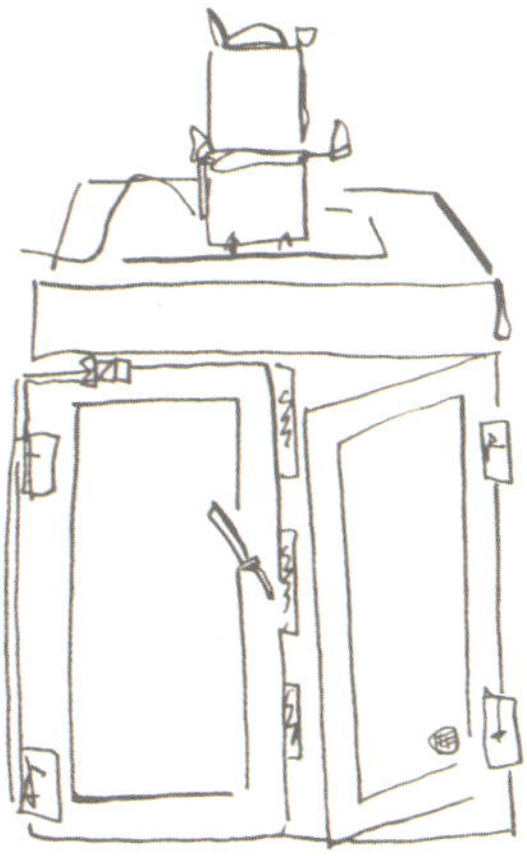

昭和初期の冷蔵庫

1. 昭和3年竣工、木造平屋建て。サンルームのデザイン的な窓と日射調整を兼ね備えた銅板平葺きの庇が特徴的。秋には深紅のもみじに包まれる　2. 和モダンな応接室。椅子座に合わせた床の間、床照らしを兼ねた照明、造り付けの腰掛け　3. スコットランドの建築家・マッキントッシュのデザインを模した壁時計

伊東忠太作
怪獣の石像

玄関前と石段脇では、藤井氏が同調する建築家・伊東忠太の石像に微笑ましく迎えられる

スコート、滝のある茶室などもあり、生活に関わるすべてのデザインを試みた先進的な考えの持ち主だったのだ。

　のびやかに空をめぐらすもみじに囲まれ、辺りの景色に溶けこむようにひっそり佇む木造家屋。伝統的な和の様式に欧米の要素が取り入れられた和モダンの世界。ドアを開けると、どこか懐かしくやさしい空気が流れ、淡い光に心が解きほぐされていくよう。

　家の中に居ながら、自然と一体となって五感が刺激されていく。

　居間を中心に適度な距離を保ちながら繋がりを感じられる空間からは、家族の声が聞こえてきそうだ。

　生涯、理想の「住まい」を求め、四季に寄り添う生活文化を融合させ、遊び心あふれる暮らしを追究した〝暮らしの賢者〟と言えるのではないだろうか。

　建築家の間でも話題となった住まいは、ドイツの建築家ブルーノ・タウトの目にもとまり、京都に滞在した折（昭和8年）、「極めて優雅な日本建築」と讃えられている。その数年後、病を宣告された藤井は自ら墓標を設計、49歳で二尊院の地に眠る。

和紙を使った柔らかな光の照明

コラム

~足をのばして、
歴史と合わせて訪れる~

対岳文庫

京都の北方、地下鉄の終点駅を降り、なだらかに流れる川を道しるべに歩き、しばらくすると、農家が点在し、田畑が広がるのどかな地〝岩倉〟へと辿り着く。

岩倉具視が5年余り幽居した地。坂本龍馬、大久保利通らも訪れ密議をかわしたという歴史ある場所。日本家屋がある邸内には、具視の関係資料が保存されている小さな洋風建築がある。

設計は昭和3年、当時の建築界の巨匠、武田五一による。力強さを感じる十字に象られたドアの窓。アーチ窓のすりガラスにちりばめられた天に瞬くホワイトスターは、内側から見ると、儚げな光の中に浮き出すブラックスターへと姿を変える。光と影が織り成す表と裏の表情の違い。

建築家がそこに眠る想いを両手で丁寧にすくいあげ、それらは融け合い、時を経て今この小さな建物からそっと語りかけてくる。

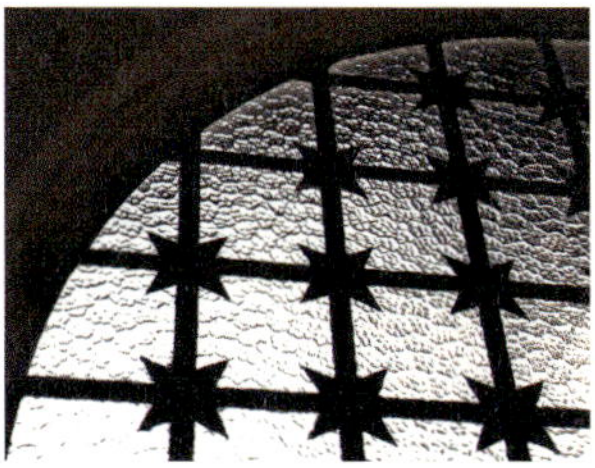

内側から見た玄関部のアーチ窓

室内から十字に象られたドアを眺める

閉ざされた室内でも高さを感じる天井の意匠

タイルと鉄柵

ひんやりとした質感
ひとつひとつ違う表情

たとえば
たばこ屋の店先のアールに沿う
細長い琥珀色のタイル。

京都生まれの〝泰山タイル〟にとくとくと
ときめく
玉子色、茜色、露草色、青磁色、瑠璃色……

出来ることなら指先で
ひとつひとつなぞりながら
いつまでもいつまでも眺めていたくなる。

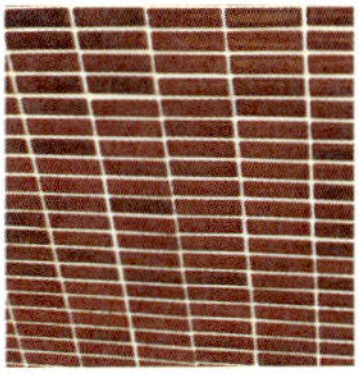

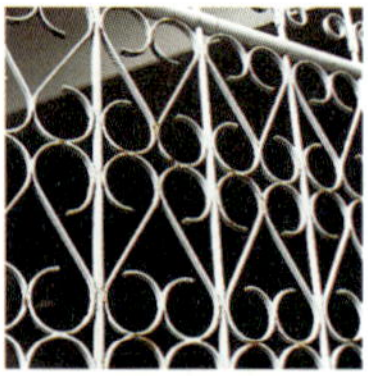

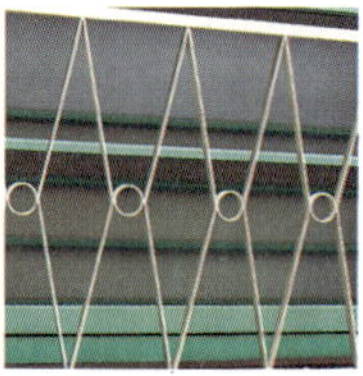
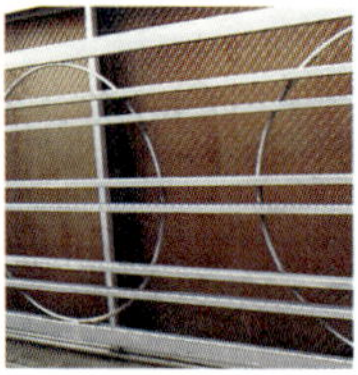

訳もなく気になる鉄製の柵。

歩けば歩くほど目の前に飛び込んで
何かを語りかけてくる。

幾何学、丸形、はしご形、ハート、花形……
直線と曲線が巧みに合わさり
窓辺に動きを持たせ
人々の目を楽しませてくれる。

おわりに

普段見慣れている建物から初めて訪れるところまで
深く知れば知るほど、京都の新しい一面に出会い、
驚きと発見の連続でした。

建物を通して見えてくるのは、建築物に委ねる憶いや人と人とのつながり。
設計者、建築に携わった人、そこに暮らす人、働く人、訪れる人……。
それは長い時間をかけて、これからもゆっくりと伝わり続けることだと思います。

取材にご協力いただいた方々、デザイナーの横須賀拓さん、
編集の見目勝美さん、連載時担当の丹所千佳さん、支えてくれた友人、家族。
たくさんの方のおかげで、長年あたためていた建物の本を
紡ぐことができました。
心より御礼申し上げます。

この本を手にとってくださったみなさまの
京都巡りが心に残る楽しい時でありますように……。

２０１２年 初夏　　ナカムラユキ

建築物及び店舗情報

駒井家住宅［京都・指定］
京都市左京区北白川伊織町64
☎075—724—3115（開館時）
または03—6380—8511（平日、日本ナショナルトラスト）
毎週金・土曜開館（7月第3金曜～9月第1土曜、12月第3金曜～2月末休館）／10時～16時（入館15時）／入館料：一般500円

京都大学人文科学研究所附属
東アジア人文情報学研究センター［国・登］
京都市左京区北白川東小倉町47
☎075—753—6997
※現在、一般公開はしていません

東華菜館本店
京都市下京区四条大橋西詰
☎075—221—1147
営業時間：11時半～21時半 無休

長楽館［京都・指定］
京都市東山区祇園円山公園「長楽館カフェ」
☎075—561—0001
営業時間：10時～21時 無休

旧松風嘉定邸［国・登］
京都市東山区清水寺門前「夢二カフェ五龍閣」
☎075—541—7114
営業時間：11時～17時 不定休
※現在、一般公開は1階のみ

京都ハリストス正教会生神女福音聖堂［京都・指定］
京都市中京区柳馬場通二条上ル
☎075—231—2453
内部拝観は月2～3回の日曜礼拝時に（要問い合わせ）

旧新島襄邸［京都・指定］
京都市上京区寺町通丸太町上ル松蔭町
☎075—251—3042
公開日、見学の詳細は同志社大学HPでご確認ください

旧徳力彦之助邸（工房チェリデザイン）［国・登］
京都市右京区太秦組石町2—2
☎075—864—9566
11時～18時／月曜休
http://web.kyoto-inet.or.jp/people/celli/

アサヒビール大山崎山荘美術館
京都府乙訓郡大山崎町銭原5—3
☎075—957—3123（総合案内）
10時～17時／月曜休館（祝日の場合は翌火曜休。その他、展示替えや冬季の休館あり）／入館料：一般900円（展覧会によっては変更になる場合あり）

聴竹居
京都府乙訓郡大山崎町（所在地の詳細は見学の方にのみ公開）
見学（水・金・日曜の10時～15時）は予約制。
詳細はウェブサイトでご確認ください。
http://www.chochikukyo.com/

対岳文庫［国・登］
京都市左京区岩倉上蔵町100
☎075—781—7984
10時～17時／月曜休館（祝日は除く）、年末年始（12月28日～1月4日）／入場料：大人300円

京都市美術館
京都市左京区岡崎円勝寺町124
☎075—771—4107
9時～17時／月曜休館（祝日は除く）、年末年始

（12月28日～1月2日）

柳月堂
京都市左京区田中下柳町5—1 柳月堂ビル
2F
☎075—781—5162
10時～21時／無休

関西日仏学館 ル・カフェ［国・登］
京都市左京区吉田泉殿町8 関西日仏学館1階
☎075—761—2180
火～土曜：11時～19時／日曜：11時～16時／ランチ：11時半～15時／月曜・祝日休

京都大学楽友会館食堂［国・登］
京都市左京区吉田二本松町
☎075—753—7603
11時半～21時／日曜・祝日・年末年始、6月18日

進々堂 京大北門前
京都市左京区北白川追分町88
☎075—701—4121
8時～18時／火曜

ゴスペル
京都市左京区浄土寺上南田町36
☎075—751—9380
12時～24時／火曜（祝日の場合営業）

村上開新堂
京都市中京区寺町通二条上ル常磐木町62
☎075—231—1058
10時～18時／日曜・祝日・第3月曜

欧風堂
京都市中京区竹屋町通烏丸西入ル
亀屋町150
☎075—221—2022
9時～20時／第1・第3日曜

GALLERY SARYU
京都市中京区姉小路通寺町
西入丸屋町334—1
☎075—254—7164
12時～19時／不定休

Pro Antiques "COM"
京都市中京区三条高倉上ル東片町616 京都
文化博物館前
☎075—254—7536
12時～21時／毎週水曜、火曜（不定休）

レストラン菊水［国・登］
京都市東山区四条大橋東詰祇園
☎075—561—1001
10時～22時／無休

築地
京都市中京区河原町四条上ル一筋目
☎075—221—1053
11時～23時／無休

ソワレ
京都市下京区西木屋町通四条上ル
☎075—221—0351
12時～22時（金・土・祝日の前日 12時～22時半）／月曜（祝日の場合は翌日休）

リエノ室町店
京都市中京区山伏山町536
（室町通蛸薬師西南角）
☎075—221—4660
12時～19時／第1水曜

フランソア喫茶室［国・登］
京都市下京区西木屋町通四条下ル船頭町
184
☎075—351—4042
10時～23時／12月31日・元日のみ休 夏季休暇（2日）

喫茶マドラグ
京都市中京区上松屋町706―5
☎075―744―0067
11時〜23時／日曜

チロル
京都市中京区御池通大宮西入ル
門前町539―3
☎075―821―3031
6時半〜19時／日曜・祝日

イノダコーヒ本店
京都市中京区堺町通三条下ル道祐町140
☎075―221―0507
7時〜20時／無休

珈琲店 六曜社
京都市中京区河原町通三条下ル大黒町36 1階
☎075―221―2989
8時半〜23時／無休

COFFEEポケット
京都市中京区押小路通烏丸東入ル
☎075―231―2660
8時〜18時／不定休

スマート珈琲店
京都市中京区寺町通三条上ル
☎075―231―6547
8時〜19時／無休

丸太町東洋亭
京都市上京区河原町丸太町上ル東側
☎075―231―7055
11時半〜14時 17時半〜20時／月曜（祝日の場合は翌日休）

バザールカフェ
京都市上京区烏丸今出川上ル岡松町258
☎075―411―2379
11時半〜20時／日〜水曜

花の木
京都市北区小山西花池町32―8
☎075―432―2598
8時〜18時／日曜・祝日

静香
京都市上京区今出川通千本西入ル
南上善寺町164
☎075―461―5323
7時〜19時／第2・第4日曜（定休日が25日の場合営業）

紫明 卯庵
京都市北区出雲路松ノ下町16
☎075―251―0753 ※完全予約制
11時〜15時 17時〜21時／不定休

亀屋珈琲店
京都市右京区太秦堀ヶ内町20
☎075―881―0753
7時半〜18時／日曜

コーヒーショップyamamoto
京都市右京区嵯峨天龍寺瀬戸川町9
☎075―871―4454
7時〜19時／無休

きんせ旅館
京都市下京区西新屋敷太夫町79
☎075―351―4781
火曜（不定休もあり）

国・登→国登録有形文化財
国・重→国指定重要文化財
京都・登→京都市登録有形文化財
京都・指定→京都市指定有形文化財
といたしました。

参考文献

『京都の近代化遺産』淡交社
『京都モダン建築の発見』淡交社
『京都洋館ウォッチング』新潮社
『窓から読みとく近代建築』学芸出版社
『絵で見る建築様式史』鹿島出版会
『建築史』市ケ谷出版社

本書は、２０１１年8月号より２０１２年7月号まで月刊誌「ＰＨＰスペシャル」に連載された「京都建築めぐり」を大幅に改稿、あらたな取材箇所を加えて再編集したものです。

ナカムラユキ

イラストレーター。福岡市生まれ、京都・嵯峨野にて育つ。京都在住。広告、書籍、雑誌などのイラストレーションを中心に商品企画などを手掛け、国内、海外にてコラージュのワークショップも行っている。京都・北白川のアトリエでフランス雑貨を扱うショップ&ギャラリー「trico+」を8年間運営。2012年9月、プティ・タ・プティ株式会社を設立。主な著書に『京都さくら探訪』(文藝春秋)、『365日雑貨暦』『京都に暮らす雑貨暦』『京都文具探訪』(アノニマ・スタジオ)、『パリ雑貨日記』(mille books)、『雑貨屋レシピ』(主婦の友社)など、他共著多数。

イラスト・写真・文　ナカムラユキ
ブックデザイン　横須賀拓
プリンティングディレクション　千布宗治、冨永志津
special thanks　奥田正広(プティ・タ・プティ)、松浦すみれ

京都レトロ散歩

2012年10月2日　第1版第1刷発行

著　者　ナカムラユキ
発行者　安藤 卓
発行所　株式会社PHPエディターズ・グループ
〒102-0082 千代田区一番町16
電話03-3237-0651
http://www.peg.co.jp/
発売元　株式会社PHP研究所
東京本部　〒102-8331 千代田区一番町21
普及一部 電話03-3239-6233
京都本部　〒601-8411 京都市南区西九条北ノ内町11
PHP INTERFACE http://www.php.co.jp/
印刷所
製本所　凸版印刷株式会社

ISBN978-4-569-80745-4